unit 01

スーツを着(き)なければなりませんか。
정장을 입어야 합니까?

unit 01 톡톡 패턴 본책 19–21쪽 DATE :   .   .

A

A：何(なに)をしなければなりませんか。(アルバイトに行(い)く)

B：アルバイトに行(い)かなければなりません。

1 レポートを書(か)く

→ B：____________________

2 料理(りょうり)を作(つく)る

→ B：____________________

3 試験(しけん)を受(う)ける

→ B：____________________

4 書類(しょるい)を作成(さくせい)する

→ B：____________________

5 メールをチェックする

→ B：____________________

6 9時(じ)までに学校(がっこう)に来(く)る

→ B：____________________

낱말과 표현

レポート 리포트
料理(りょうり) 요리
作(つく)る 만들다
試験(しけん)を受(う)ける 시험을 치다
書類(しょるい) 서류
作成(さくせい)する 작성하다
メール 메일
チェックする 체크하다

DATE : . .

B

A: 結婚(けっこん)しなければなりませんか。(結婚(けっこん)する)

B: いいえ、結婚(けっこん)しなくてもいいです。

1 お金(かね)を払(はら)う → A: ____________________

B: ____________________

2 写真(しゃしん)を撮(と)る → A: ____________________

B: ____________________

3 英語(えいご)で話(はな)す → A: ____________________

B: ____________________

4 朝早(あさはや)く起(お)きる → A: ____________________

B: ____________________

5 アプリをダウンロードする

→ A: ____________________

B: ____________________

6 試験(しけん)に合格(ごうかく)する → A: ____________________

B: ____________________

낱말과 표현

お金(かね) 돈	**起(お)きる** 일어나다	**試験(しけん)** 시험
払(はら)う 지불하다	**アプリ** 앱	**合格(ごうかく)する** 합격하다
写真(しゃしん)を撮(と)る 사진을 찍다	**ダウンロードする** 다운로드하다	
朝早(あさはや)く 아침 일찍		

DATE :   .   .

C

A：何のために日本語の勉強をしていますか。(日本語で小説を読む)

B: 日本語で小説を読むために勉強をしています。

1 日本に留学する

→ B：＿＿＿＿＿＿＿＿＿＿＿＿＿＿＿＿

2 日本の会社に入る

→ B：＿＿＿＿＿＿＿＿＿＿＿＿＿＿＿＿

3 日本のドラマを字幕なしで見る

→ B：＿＿＿＿＿＿＿＿＿＿＿＿＿＿＿＿

4 日本人の友だちと日本語で話す

→ B：＿＿＿＿＿＿＿＿＿＿＿＿＿＿＿＿

5 いい会社に就職する

→ B：＿＿＿＿＿＿＿＿＿＿＿＿＿＿＿＿

6 日本語能力試験を受ける

→ B：＿＿＿＿＿＿＿＿＿＿＿＿＿＿＿＿

낱말과 표현

- **小説** 소설
- **留学** 유학
- **ドラマ** 드라마
- **字幕** 자막
- **なし** 없음
- **就職する** 취직하다
- **日本語能力試験** 일본어능력시험
- **受ける** (시험 등을) 보다, 치다

unit 01 톡톡 펜맨십 본 책 23쪽

DATE : . .

한자

とうぜん 当然 당연	とうぜん 当然	とうぜん 当然		
ち こく 遅刻 지각	ち こく 遅刻	ち こく 遅刻		
せいかく 性格 성격	せいかく 性格	せいかく 性格		
じゅん び 準備 준비	じゅん び 準備	じゅん び 準備		
けんこう 健康 건강	けんこう 健康	けんこう 健康		
せいせき 成績 성적	せいせき 成績	せいせき 成績		

가타카나

スーツ 슈트	スーツ	
ビジュアル 비주얼	ビジュアル	
エステ 에스테, 전신 미용	エステ	

unit 02

いつでもドライブができます。

언제든지 드라이브할 수 있습니다.

unit 02 톡톡 패턴 본 책 31-33쪽

DATE : . .

A

A：この漢字(かんじ)が読(よ)めますか。(この漢字(かんじ)を読(よ)む)

B：はい、読(よ)めます。／いいえ、読(よ)めません。

1. 中国語(ちゅうごくご)を話(はな)す → A：
   B：
2. 日本(にほん)の歌(うた)を歌(うた)う → A：
   B：
3. 漢字(かんじ)を書(か)く → A：
   B：
4. ホームページを作(つく)る → A：
   B：
5. 日本語(にほんご)でレポートを書(か)く
   → A：
   B：
6. 通訳(つうやく)をする → A：
   B：

낱말과 표현

漢字(かんじ) 한자　作(つく)る 만들다　通訳(つうやく) 통역
ホームページ 홈페이지　レポート 리포트

DATE :　　.　　.

B

A：インターネットで安(やす)く買(か)うことができます。(インターネットで安(やす)く買(か)う)

B：そうですね。安(やす)く買(か)えますね。

1. コーヒーショップでおいしいコーヒーを飲(の)む
→ A：
B：

2. 郵便局(ゆうびんきょく)で小包(こづつみ)を送(おく)る → A：
B：

3. 図書館(としょかん)で本(ほん)を借(か)りる → A：
B：

4. コンビニでお弁当(べんとう)を食(た)べる → A：
B：

5. 公園(こうえん)で散歩(さんぽ)する → A：
B：

6. 自転車(じてんしゃ)で来(く)る → A：
B：

낱말과 표현

インターネット 인터넷	送(おく)る 보내다	公園(こうえん) 공원
安(やす)く 싸게	図書館(としょかん) 도서관	散歩(さんぽ)する 산책하다
コーヒーショップ 커피숍	借(か)りる 빌리다	自転車(じてんしゃ) 자전거
郵便局(ゆうびんきょく) 우체국	コンビニ 편의점	
小包(こづつみ) 소포	お弁当(べんとう) 도시락	

DATE :　　.　　.

C

A : 彼(かれ)は来(こ)られるでしょうか。　(彼(かれ)は来(こ)られる)

B : 来(こ)られないかもしれません。

1 いい人(ひと)に会(あ)える　→ A : ____________________

B : ____________________

2 留学(りゅうがく)に行(い)ける　→ A : ____________________

B : ____________________

3 彼女(かのじょ)は料理(りょうり)が作(つく)れる　→ A : ____________________

B : ____________________

4 この服(ふく)が着(き)られる　→ A : ____________________

B : ____________________

5 今年(ことし)入社(にゅうしゃ)できる　→ A : ____________________

B : ____________________

6 あの二人(ふたり)は結婚(けっこん)できる　→ A : ____________________

B : ____________________

낱말과 표현

留学(りゅうがく) 유학	服(ふく) 옷	今年(ことし) 올해
料理(りょうり) 요리	着(き)る 입다	入社(にゅうしゃ) 입사

unit 02 톡톡 펜맨십 본 책 35쪽

DATE : . .

한자

うんてん 運転 운전	うんてん 運転	うんてん 運転		
めんきょ 免許 면허	めんきょ 免許	めんきょ 免許		
むりょう 無料 무료	むりょう 無料	むりょう 無料		
りよう 利用 이용	りよう 利用	りよう 利用		
ねだん 値段 값	ねだん 値段	ねだん 値段		
つうやく 通訳 통역	つうやく 通訳	つうやく 通訳		

가타카나

ボーリング 볼링	ボーリング	
スノーボード 스노보드	スノーボード	
コンビニ 편의점	コンビニ	

unit 03 日本へ留学に行くつもりです。

일본에 유학하러 갈 예정입니다.

unit 03 톡톡 패턴 본 책 43-45쪽

DATE : . .

A

アルバイトをするつもりです。 (アルバイトをする)

アルバイトをしないつもりです。

1 家を買う → ____________________
→ ____________________

2 エステに行く → ____________________
→ ____________________

3 朝早く家を出る → ____________________
→ ____________________

4 日本語能力試験を受ける
→ ____________________
→ ____________________

5 早く結婚する → ____________________
→ ____________________

6 図書館に来る → ____________________
→ ____________________

낱말과 표현

エステ 에스테, 전신 미용　**家を出る** 집을 나서다　**結婚する** 결혼하다
朝早く 아침 일찍　**試験を受ける** 시험을 치다　**図書館** 도서관

DATE :　　.　　.

B

A : 今度(こんど)の週末(しゅうまつ)に何(なに)をしようと思(おも)っていますか。(友(とも)だちに会(あ)う)

B : 友(とも)だちに会(あ)おうと思(おも)っています。

1 ドライブに行(い)く

→ B : ____________________

2 小説(しょうせつ)を読(よ)む

→ B : ____________________

3 映画(えいが)を見(み)る

→ B : ____________________

4 恋人(こいびと)とデートする

→ B : ____________________

5 図書館(としょかん)で勉強(べんきょう)する

→ B : ____________________

6 学校(がっこう)に来(く)る

→ B : ____________________

낱말과 표현

今度(こんど) 이번	小説(しょうせつ) 소설	恋人(こいびと) 애인
週末(しゅうまつ) 주말	読(よ)む 읽다	デートする 데이트하다
ドライブ 드라이브	映画(えいが) 영화	

DATE :　　.　　.

C

A：卒業後(そつぎょうご)私(わたし)は進学(しんがく)するつもりです。　(卒業後(そつぎょうご), 進学(しんがく)する)

B：私(わたし)も進学(しんがく)しようと思(おも)っています。

1. 来月(らいげつ)から, 中国語(ちゅうごくご)を習(なら)う

→ A：＿＿＿＿＿＿＿＿＿＿＿＿＿＿＿＿

B：＿＿＿＿＿＿＿＿＿＿＿＿＿＿＿＿

2. 来年(らいねん), 日本(にほん)に行(い)く

→ A：＿＿＿＿＿＿＿＿＿＿＿＿＿＿＿＿

B：＿＿＿＿＿＿＿＿＿＿＿＿＿＿＿＿

3. 再来月(さらいげつ), 引(ひ)っ越(こ)す

→ A：＿＿＿＿＿＿＿＿＿＿＿＿＿＿＿＿

B：＿＿＿＿＿＿＿＿＿＿＿＿＿＿＿＿

4. 明日(あした)から, 朝早(あさはや)く起(お)きる

→ A：＿＿＿＿＿＿＿＿＿＿＿＿＿＿＿＿

B：＿＿＿＿＿＿＿＿＿＿＿＿＿＿＿＿

5. 再来年(さらいねん), 結婚(けっこん)する

→ A：＿＿＿＿＿＿＿＿＿＿＿＿＿＿＿＿

B：＿＿＿＿＿＿＿＿＿＿＿＿＿＿＿＿

6. 今日(きょう)から, ダイエットする

→ A：＿＿＿＿＿＿＿＿＿＿＿＿＿＿＿＿

B：＿＿＿＿＿＿＿＿＿＿＿＿＿＿＿＿

낱말과 표현

卒業後(そつぎょうご) 졸업 후	習(なら)う 배우다	引(ひ)っ越(こ)す 이사하다
進学(しんがく)する 진학하다	来年(らいねん) 내년	再来年(さらいねん) 내후년
来月(らいげつ) 다음 달	再来月(さらいげつ) 다다음달	ダイエットする 다이어트하다

unit 03 톡톡 펜맨십 본 책 47쪽

DATE : . .

한자

よてい 予定 예정	よてい 予定	よてい 予定		
せいかつ 生活 생활	せいかつ 生活	せいかつ 生活		
たぶん 多分 아마	たぶん 多分	たぶん 多分		
りゅうがく 留学 유학	りゅうがく 留学	りゅうがく 留学		
ゆうき 勇気 용기	ゆうき 勇気	ゆうき 勇気		
まかせる 任せる 맡기다	まかせる 任せる	まかせる 任せる		
しゅっぱつ 出発 출발	しゅっぱつ 出発	しゅっぱつ 出発		

가타카나

チャレンジ 도전, 챌린지	チャレンジ	
ダイエット 다이어트	ダイエット	

unit 04

ロトに当たったら何がしたいですか。

로또에 당첨되면 무엇을 하고 싶습니까?

unit 04 톡톡 패턴 본 책 57-59쪽

DATE :　　.　　.

A 機会があれば留学に行きたいです。

(機会がある· 留学に行く)

1 お金がある· 海外旅行に行く

→ ____________________

2 雨が降る· 家にいる

→ ____________________

3 試験に合格する· おごる

→ ____________________

4 天気がいい· ドライブに行く

→ ____________________

낱말과 표현

機会 기회	海外旅行 해외여행	合格する 합격하다
留学 유학	試験 시험	おごる 한턱내다

DATE : . .

B 授業(じゅぎょう)が終(お)わったら学科事務室(がっかじむしつ)に来(き)てください。

(授業(じゅぎょう)が終(お)わる · 学科事務室(がっかじむしつ)に来(く)る)

1 スケジュールが決(き)まる · 連絡(れんらく)する

→ ______

2 映画(えいが)が始(はじ)まる · 話(はな)さない

→ ______

3 日本(にほん)に着(つ)く · 電話(でんわ)する

→ ______

4 よく分(わ)からない · 質問(しつもん)する

→ ______

낱말과 표현

授業(じゅぎょう) 수업
終(お)わる 끝나다
学科事務室(がっかじむしつ) 학과 사무실
スケジュール 스케줄
決(き)まる 정해지다
連絡(れんらく)する 연락하다
始(はじ)まる 시작되다
着(つ)く 도착하다
分(わ)からない 모르다
質問(しつもん)する 질문하다

DATE :　　.　　.

C たくさん食(た)べると太(ふと)ります。

(たくさん食(た)べる・太(ふと)る)

1 スイッチを押(お)す・電気(でんき)がつく

→ ______________________________

2 ホームページに入(はい)る・写真(しゃしん)が見(み)られる

→ ______________________________

3 この道(みち)を真(ま)っ直(す)ぐ行(い)く・駅(えき)がある

→ ______________________________

4 角(かど)を曲(ま)がる・病院(びょういん)が見(み)える

→ ______________________________

낱말과 표현

たくさん 많이	電気(でんき)がつく 전기가 켜지다	真(ま)っ直(す)ぐ 곧장, 똑바로
太(ふと)る 살찌다	ホームページ 홈페이지	駅(えき) 역
スイッチ 스위치	写真(しゃしん) 사진	角(かど)を曲(ま)がる 모퉁이를 돌다
押(お)す 누르다	見(み)られる 볼 수 있다	病院(びょういん) 병원

unit 04 톡톡 펜맨십 본책 61쪽

DATE : . .

한자

いっしょう 一生 일생	いっしょう 一生	いっしょう 一生		
ひつよう 必要 필요	ひつよう 必要	ひつよう 必要		
れんしゅう 練習 연습	れんしゅう 練習	れんしゅう 練習		
てんき 天気 날씨	てんき 天気	てんき 天気		
えき 駅 역	えき 駅	えき 駅		
そうだん 相談 상담	そうだん 相談	そうだん 相談		
べんきょう 勉強 공부	べんきょう 勉強	べんきょう 勉強		

가타카나

ロト 로또	ロト	
ドライブ 드라이브	ドライブ	

unit 05 キャンディーブーケを作ってあげたらどうですか。

사탕부케를 만들어 주면 어떻습니까?

unit 05 톡톡 패턴 본 책 72–75쪽

DATE : . .

A 私は友だちに本をあげました。

(友だち・本・あげる)

1 猫・えさ・やる

→ ______

2 彼氏・ネクタイ・あげる

→ ______

3 先生・お花・さしあげる

→ ______

4 部長・ワイン・さしあげる

→ ______

낱말과 표현

猫 고양이	ネクタイ 넥타이	部長 부장
えさ 먹이	お花 꽃	ワイン 와인

DATE :   .   .

B

私(わたし)は先生(せんせい)に招待券(しょうたいけん)をさしあげました。

(私(わたし)・先生(せんせい)・招待券(しょうたいけん)・さしあげる)

1 私(わたし)・先生(せんせい)・資料(しりょう)・いただく

→ ______________________________

2 私(わたし)・親友(しんゆう)・本(ほん)・あげる

→ ______________________________

3 親友(しんゆう)・私(わたし)・財布(さいふ)・くれる

→ ______________________________

4 先生(せんせい)・親友(しんゆう)・論文(ろんぶん)・くださる

→ ______________________________

5 親友(しんゆう)・先生(せんせい)・和菓子(わがし)・さしあげる

→ ______________________________

6 親友(しんゆう)・私(わたし)・本(ほん)・もらう

→ ______________________________

낱말과 표현

招待券(しょうたいけん) 초대권
親友(しんゆう) 친구
和菓子(わがし) 일본식 과자
資料(しりょう) 자료
論文(ろんぶん) 논문

DATE :　　.　　.

C

私(わたし)は姉(あね)に本(ほん)を買(か)ってもらいました。

(私(わたし)・姉(あね)・本(ほん)を買(か)う)

1 私(わたし)・先生(せんせい)・日本語(にほんご)を教(おし)えていただく

→ ______________________________

2 先生(せんせい)・姉(あね)・就職先(しゅうしょくさき)を紹介(しょうかい)してくださる

→ ______________________________

3 姉(あね)・私(わたし)・本(ほん)を買(か)ってくれる

→ ______________________________

4 私(わたし)・弟(おとうと)・料理(りょうり)を作(つく)ってやる

→ ______________________________

5 弟(おとうと)・先生(せんせい)・進学相談(しんがくそうだん)していただく

→ ______________________________

6 先生(せんせい)・弟(おとうと)・進学相談(しんがくそうだん)してくださる

→ ______________________________

낱말과 표현

- **就職先(しゅうしょくさき)** 취직처
- **紹介(しょうかい)する** 소개하다
- **料理(りょうり)を作(つく)ってやる** 요리를 만들어 주다
- **進学相談(しんがくそうだん)する** 진학상담하다

DATE :　　.　　.

D

A：彼女(かのじょ)に誕生日(たんじょうび)プレゼントをしたいんですが。

B：誕生日(たんじょうび)プレゼントならアクセサリーはどうですか。

(彼女(かのじょ)・誕生日(たんじょうび)プレゼント・アクセサリー)

1 両親(りょうしん)・結婚記念日(けっこんきねんび)のプレゼント・花束(はなたば)

→ A：

B：

2 恋人(こいびと)・クリスマスプレゼント・マフラー

→ A：

B：

3 先輩(せんぱい)・卒業祝(そつぎょういわ)いのプレゼント・靴(くつ)

→ A：

B：

4 同僚(どうりょう)・引(ひ)っ越(こ)し祝(いわ)いのプレゼント・掃除機(そうじき)

→ A：

B：

낱말과 표현

アクセサリー 액세서리
両親(りょうしん) 양친, 부모님
結婚記念日(けっこんきねんび) 결혼기념일
花束(はなたば) 꽃다발
恋人(こいびと) 애인
クリスマス 크리스마스
マフラー 머플러
卒業(そつぎょう) 졸업
祝(いわ)い 축하
同僚(どうりょう) 동료
引(ひ)っ越(こ)し 이사
掃除機(そうじき) 청소기

unit 05 톡톡 펜맨십 본책 77쪽

DATE : . .

한자

けんさく	けんさく	けんさく		
検索 검색	検索	検索		
かんどう	かんどう	かんどう		
感動 감동	感動	感動		
りょうしん	りょうしん	りょうしん		
両親 부모님	両親	両親		
しりょう	しりょう	しりょう		
資料 자료	資料	資料		
かぞく	かぞく	かぞく		
家族 가족	家族	家族		
さくぶん	さくぶん	さくぶん		
作文 작문	作文	作文		
かくにん	かくにん	かくにん		
確認 확인	確認	確認		

가타카나

アイデア 아이디어	アイデア	
アイテム 아이템	アイテム	

unit 06

雨(あめ)が降(ふ)りそうですから。

비가 내릴 것 같으니까요.

unit 06 톡톡 패턴 본 책 85-87쪽

DATE : . .

A

新聞(しんぶん)によると不景気(ふけいき)が続(つづ)くそうです。

(新聞(しんぶん), 不景気(ふけいき)が続(つづ)く)

1 天気予報(てんきよほう), 明日(あした)から寒(さむ)くなる

→ ______________________________

2 先生(せんせい)の話(はなし), 試験(しけん)は難(むずか)しくない

→ ______________________________

3 親友(しんゆう)の話(はなし), パーティーは楽(たの)しかった

→ ______________________________

4 関係者(かんけいしゃ)の話(はなし), プレゼンは成功的(せいこうてき)に終(お)わった

→ ______________________________

낱말과 표현

新聞(しんぶん) 신문
～によると ~에 의하면
不景気(ふけいき) 불경기
続(つづ)く 계속되다
天気予報(てんきよほう) 일기 예보
試験(しけん) 시험
パーティー 파티
関係者(かんけいしゃ) 관계자
プレゼン 프레젠테이션
成功的(せいこうてき)だ 성공적이다

DATE : . .

B 雪(ゆき)が降(ふ)りそうです。

(雪(ゆき)が降(ふ)る)

1 赤(あか)ちゃんが泣(な)き出(だ)す

→ ______

2 授業(じゅぎょう)に遅(おく)れる

→ ______

3 彼(かれ)は頭(あたま)がいい

→ ______

4 彼女(かのじょ)は忙(いそが)しい

→ ______

5 仕事(しごと)が大変(たいへん)だ

→ ______

6 彼女(かのじょ)は幸(しあわ)せだ

→ ______

낱말과 표현

赤(あか)ちゃん 아기
泣(な)き出(だ)す 울음을 터뜨리다
授業(じゅぎょう) 수업
遅(おく)れる 늦다
頭(あたま)がいい 머리가 좋다
忙(いそが)しい 바쁘다
大変(たいへん)だ 힘들다
幸(しあわ)せだ 행복하다

DATE : . .

C

おいしそうなケーキですね。 (おいしい, ケーキ)

おいしそうに食(た)べますね。 (おいしい, 食(た)べる)

1 難(むずか)しい, 本(ほん)

→ ______________________________

2 真面目(まじめ)だ, 学生(がくせい)

→ ______________________________

3 元気(げんき)だ, 子犬(こいぬ)

→ ______________________________

4 楽(たの)しい, 遊(あそ)んでいる

→ ______________________________

5 悲(かな)しい, 泣(な)いている

→ ______________________________

6 面白(おもしろ)い, 笑(わら)っている

→ ______________________________

낱말과 표현

難(むずか)しい 어렵다	子犬(こいぬ) 강아지	泣(な)く 울다
真面目(まじめ)だ 성실하다	楽(たの)しい 즐겁다	面白(おもしろ)い 재미있다
元気(げんき)だ 건강하다	悲(かな)しい 슬프다	笑(わら)う 웃다

unit 06 톡톡 펜맨십 본책 89쪽

DATE : . .

한자

きぶん 気分 기분	きぶん 気分	きぶん 気分		
びよう 美容 미용	びよう 美容	びよう 美容		
まわり 周り 주변	まわり 周り	まわり 周り		
かんきょう 環境 환경	かんきょう 環境	かんきょう 環境		
いんしょう 印象 인상	いんしょう 印象	いんしょう 印象		
もんだい 問題 문제	もんだい 問題	もんだい 問題		

가타카나

ラーメン 라면	ラーメン	
ニュース 뉴스	ニュース	
パーティー 파티	パーティー	

unit 07

ドラマのような話(はなし)ですね。

드라마 같은 이야기네요.

unit 07 톡톡 패턴 본 책 99-101쪽

DATE :   .   .

A

彼(かれ)は彼女(かのじょ)が好(す)きなようです。

(彼(かれ)は彼女(かのじょ)が好(す)きだ)

1 私(わたし)の秘密(ひみつ)を知(し)っている

→ ______________________________

2 あの二人(ふたり)は別(わか)れた

→ ______________________________

3 あの夫婦(ふうふ)は仲(なか)が悪(わる)い

→ ______________________________

4 この頃(ごろ)忙(いそが)しい

→ ______________________________

5 仕事(しごと)が大変(たいへん)だ

→ ______________________________

6 あの指輪(ゆびわ)はペアリングだ

→ ______________________________

낱말과 표현

秘密(ひみつ) 비밀	別(わか)れる 헤어지다	仕事(しごと) 일
知(し)る 알다	この頃(ごろ) 요즘, 최근	指輪(ゆびわ) 반지

DATE :   .   .

B まるで夢(ゆめ)のような話(はなし)ですね。

(夢(ゆめ)・話(はなし))

1 お城(しろ)・家(いえ)

→ ______________________

2 人形(にんぎょう)・赤(あか)ちゃん

→ ______________________

3 雪(ゆき)・肌(はだ)

→ ______________________

4 モデル・人(ひと)

→ ______________________

5 おもちゃ・カメラ

→ ______________________

6 天使(てんし)・先生(せんせい)

→ ______________________

낱말과 표현

お城(しろ) 대궐	雪(ゆき) 눈	おもちゃ 장난감
人形(にんぎょう) 인형	肌(はだ) 피부	天使(てんし) 천사
赤(あか)ちゃん 아기	モデル 모델	

DATE :   .   .

C

あのレストランはおいしくないらしいですよ。

(あのレストラン・おいしくない)

1 先輩(せんぱい)・恋人(こいびと)を待(ま)っている

→ ______________________________

2 橋本(はしもと)さん・試験(しけん)に合格(ごうかく)した

→ ______________________________

3 あの映画(えいが)・面白(おもしろ)くない

→ ______________________________

4 あのビル・芸能人(げいのうじん)Kさんの建物(たてもの)だ

→ ______________________________

낱말과 표현

先輩(せんぱい) 선배	待(ま)つ 기다리다	芸能人(げいのうじん) 연예인
恋人(こいびと) 애인	合格(ごうかく)する 합격하다	建物(たてもの) 건물

unit 07 톡톡 펜맨십 본 책 103쪽

DATE : . .

한자

こくはく 告白 고백	こくはく 告白	こくはく 告白		
しゃいん 社員 사원	しゃいん 社員	しゃいん 社員		
しゅっちょう 出張 출장	しゅっちょう 出張	しゅっちょう 出張		
でんき 電気 전기	でんき 電気	でんき 電気		
ふくざつ 複雑 복잡	ふくざつ 複雑	ふくざつ 複雑		
どうわ 童話 동화	どうわ 童話	どうわ 童話		
にんぎょう 人形 인형	にんぎょう 人形	にんぎょう 人形		

가타카나

ペアリング 커플링	ペアリング	
ストーリー 이야기	ストーリー	

unit 08 まさか誰(だれ)かに会(あ)ったんですか。
설마 누군가를 만난 겁니까?

unit 08 톡톡 패턴 111-113쪽

DATE : . .

A

このビルは20年前(ねんまえ)に建(た)てられました。

(このビルは20年前(ねんまえ)に・建(た)てた)

1. 明日(あした)から展示会(てんじかい)が・開(ひら)く

→ ______________________________

2. この新聞(しんぶん)は日本(にほん)で一番多(いちばんおお)く・読(よ)んでいる

→ ______________________________

3. サイコロが・投(な)げた

→ ______________________________

4. この製品(せいひん)はハンドメイドで・製作(せいさく)する

→ ______________________________

낱말과 표현

ビル 빌딩	開(ひら)く 열리다	投(な)げる 던지다
建(た)てる 세우다	一番(いちばん) 제일	製品(せいひん) 제품
明日(あした) 내일	多(おお)く 많이	ハンドメイド 핸드메이드
展示会(てんじかい) 전시회	サイコロ 주사위	製作(せいさく)する 제작하다

DATE : . .

B

A : どうしたんですか。(犬, 手をかむ)

B : 犬に手をかまれたんです。

1 父, 叱る

→ B : ______

2 母, 小言を言う

→ B : ______

3 友だち, いじめる

→ B : ______

4 すり, 財布をする

→ B : ______

5 隣の人, 足を踏む

→ B : ______

6 上司, 怒る

→ B : ______

낱말과 표현

手をかむ 손을 물다	すり 소매치기	上司 상사
叱る 혼나다	財布をする 지갑을 훔치다	怒る 화내다, 꾸짖다
小言を言う 잔소리를 하다	隣の人 옆 사람	
いじめる 괴롭히다, 따돌리다	足を踏む 발을 밟다	

DATE : . .

C

A：どうしたんですか。(恋人(こいびと)・誤解(ごかい)する・困(こま)っている)

B：恋人(こいびと)に誤解(ごかい)されて困(こま)っています。

1 みんなの前(まえ)で友(とも)だちに笑(わら)う・恥(は)ずかしかった

→ B：

2 上司(じょうし)・同僚(どうりょう)と比較(ひかく)する・気分(きぶん)が悪(わる)い

→ B：

3 彼女(かのじょ)・泣(な)く・困(こま)っている

→ B：

4 ペット・死(し)ぬ・悲(かな)しんでいる

→ B：

낱말과 표현

恋人(こいびと) 애인	みんなの前(まえ) 모두의 앞	同僚(どうりょう) 동료
誤解(ごかい)する 오해하다	笑(わら)う 웃다	比較(ひかく)する 비교하다
困(こま)っている 곤란해하다	恥(は)ずかしい 창피하다	気分(きぶん)が悪(わる)い 기분이 나쁘다

unit 08 톡톡 펜맨십 본책 115쪽

DATE : . .

한자

さいあく 最悪 최악	さいあく 最悪	さいあく 最悪		
はんたい 反対 반대	はんたい 反対	はんたい 反対		
まち 町 마을	まち 町	まち 町		
がいこく 外国 외국	がいこく 外国	がいこく 外国		
な まえ 名前 이름	な まえ 名前	な まえ 名前		
しゃしん 写真 사진	しゃしん 写真	しゃしん 写真		
けっこん 結婚 결혼	けっこん 結婚	けっこん 結婚		

가타카나

エコ 환경, 자연	エコ	
モダン 모던, 현대적	モダン	

unit 09

雑務(ざつむ)ばかりさせられています。

잡무만 하고 있습니다.

unit 09 톡톡 패턴 125-127쪽

DATE :　　.　　.

A

先生(せんせい)は学生(がくせい)に教科書(きょうかしょ)を読(よ)ませます。

(先生(せんせい), 学生(がくせい), 教科書(きょうかしょ)を読(よ)む)

1 お母(かあ)さん, 子供(こども), 薬(くすり)を飲(の)む

→

2 医者(いしゃ), 患者(かんじゃ), お酒(さけ)を止(や)める

→

3 先生(せんせい), 学生(がくせい), 質問(しつもん)に答(こた)える

→

4 上司(じょうし), 部下(ぶか), 顧客(こきゃく)に電話(でんわ)する

→

낱말과 표현

医者(いしゃ) 의사　　患者(かんじゃ) 환자　　顧客(こきゃく) 고객

DATE : . .

B

田中(たなか)さんは医者(いしゃ)にタバコを止(や)めさせられました。

(医者(いしゃ)は田中(たなか)さんにタバコを止(や)めさせる)

1 お母(かあ)さんは子供(こども)に部屋(へや)の掃除(そうじ)をさせる

→ ______________________________

2 彼女(かのじょ)は彼氏(かれし)にハンドバッグを持(も)たせる

→ ______________________________

3 上司(じょうし)は部下(ぶか)に残業(ざんぎょう)させる

→ ______________________________

4 先輩(せんぱい)は後輩(こうはい)にお酒(さけ)を飲(の)ませる

→ ______________________________

낱말과 표현

掃除(そうじ) 청소　　残業(ざんぎょう)する 잔업하다

DATE :　　.　　.

C

いつもテレビばかり見(み)ています。

(いつもテレビを見(み)る)

1 ブランド商品(しょうひん)を買(か)う

→ ______________________________

2 音楽(おんがく)を聞(き)く

→ ______________________________

3 映画(えいが)を見(み)る

→ ______________________________

4 運動(うんどう)をする

→ ______________________________

5 インターネットでチャットをする

→ ______________________________

6 メールをチェックする

→ ______________________________

낱말과 표현

ブランド商品(しょうひん)	브랜드 상품	チャット	채팅
音楽(おんがく)	음악	チェックする	체크하다

unit 09 톡톡 펜맨십 본 책 129쪽

DATE : . .

한자

たいへん 大変 힘듦	たいへん 大変	たいへん 大変		
じょうし 上司 상사	じょうし 上司	じょうし 上司		
まいにち 毎日 매일	まいにち 毎日	まいにち 毎日		
にゅうりょく 入力 입력	にゅうりょく 入力	にゅうりょく 入力		
むり 無理 무리	むり 無理	むり 無理		
ぶか 部下 부하	ぶか 部下	ぶか 部下		

가타카나

インターン 인턴	インターン	
データ 데이터	データ	
ゲーム 게임	ゲーム	

unit 10 少々(しょうしょう)お待(ま)ちください。

잠시 기다려 주십시오.

unit 10 톡톡 패턴 138–141쪽

DATE :   .   .

A 私(わたくし)がその荷物(にもつ)をお持(も)ちします。

(私(わたくし)がその荷物(にもつ)を持(も)つ)

1 タクシーを呼(よ)ぶ

→ ____________________

2 このデザインを勧(すす)める

→ ____________________

3 車(くるま)を貸(か)す

→ ____________________

4 品物(しなもの)を送(おく)る

→ ____________________

5 ここで待(ま)つ

→ ____________________

6 ご質問(しつもん)に答(こた)える

→ ____________________

낱말과 표현

荷物(にもつ) 짐	デザイン 디자인	品物(しなもの) 물건
タクシー 택시	勧(すす)める 추천하다	質問(しつもん) 질문
呼(よ)ぶ 부르다	貸(か)す 빌려 주다	答(こた)える 대답하다

DATE :　　.　　.

B

新聞(しんぶん)をお読(よ)みになります。

(新聞(しんぶん)を読(よ)む)

1 ご家族(かぞく)を待(ま)つ

→ ______________________________

2 7時頃戻(じごろもど)る

→ ______________________________

3 コーヒーを飲(の)む

→ ______________________________

4 論文(ろんぶん)を書(か)く

→ ______________________________

5 こちらの座席(ざせき)に座(すわ)る

→ ______________________________

6 ハンドバッグを買(か)う

→ ______________________________

낱말과 표현

新聞(しんぶん) 신문	戻(もど)る 돌아가다, 돌아오다	ハンドバッグ 핸드백
読(よ)む 읽다	座席(ざせき) 좌석	
~頃(ころ) ~즈음	座(すわ)る 앉다	

DATE :　　.　　.

C

こちらにお座(すわ)りください。

(こちらに座(すわ)る)

1 このペンを使(つか)う

→ ______________________________

2 ここにご住所(じゅうしょ)とお名前(なまえ)を書(か)く

→ ______________________________

3 下記事項(かきじこう)をご確認(かくにん)の上(うえ)、申(もう)し込(こ)む

→ ______________________________

4 良(よ)い週末(しゅうまつ)を送(おく)る

→ ______________________________

낱말과 표현

- ご住所(じゅうしょ) 주소
- 下記事項(かきじこう) 아래 사항
- 確認(かくにん) 확인
- ~の上(うえ) ~한 다음에
- 申(もう)し込(こ)む 신청하다
- 週末(しゅうまつ) 주말
- 送(おく)る 보내다

DATE :   .   .

D

またいらっしゃってください。 ((상대방에게) また来(き)てください)

橋本(はしもと)と申(もう)します。 ((제가) 橋本(はしもと)と言(い)います)

1 (상대방에게) 映画(えいが)を見(み)てください

→ ______________________

2 (상대방에게) 食(た)べてください

→ ______________________

3 (제가) 書類(しょるい)を見(み)ました

→ ______________________

4 (제가) 明日(あした)行(い)きます

→ ______________________

낱말과 표현

書類(しょるい) 서류

unit 10 톡톡 펜맨십 본책 143쪽

DATE : . .

한자

しょうしょう 少々 조금, 잠시	しょうしょう 少々	しょうしょう 少々		
かいぎしつ 会議室 회의실	かいぎしつ 会議室	かいぎしつ 会議室		
えいぎょう 営業 영업	えいぎょう 営業	えいぎょう 営業		
おきゃくさま お客様 손님	おきゃくさま お客様	おきゃくさま お客様		
かいふく 回復 회복	かいふく 回復	かいふく 回復		
ほんとう 本当 정말	ほんとう 本当	ほんとう 本当		
かいとう 回答 회답	かいとう 回答	かいとう 回答		

가타카나

デスク 데스크	デスク	
プロ 프로	プロ	

MEMO

두근두근 스토리가 있는

일본어뱅크 톡톡 トクトク 도모다찌 워크북

STEP 3

이름

두근두근 스토리가 있는

톡톡 トクトク

일본어뱅크 도모다찌 워크북

STEP 3

동양books

500만 독자가 선택한

가장 쉬운
독학 일본어 첫걸음
14,000원

가장 쉬운
독학 중국어 첫걸음
14,000원

가장 쉬운
독학 베트남어 첫걸음
15,000원

가장 쉬운
독학 스페인어 첫걸음
15,000원

가장 쉬운
독학 프랑스어 첫걸음
16,500원

가장 쉬운
독학 태국어 첫걸음
16,500원

가장 쉬운
프랑스어 첫걸음의 모든 것
17,000원

가장 쉬운
독일어 첫걸음의 모든 것
18,000원

가장 쉬운
스페인어 첫걸음의 모든 것
14,500원

두근두근 스토리가 있는

일본어뱅크 톡톡 トクトク 도모다찌

STEP 3

강경자 · 안진희 · 김명주 · 아시키 게이코 지음

동양북스

두근두근 스토리가 있는

일본어뱅크 톡톡 도모다찌 STEP 3

초판 5쇄 | 2019년 6월 10일

지은이 | 강경자, 안진희, 김명주, 아시키 게이코
발행인 | 김태웅
편집장 | 강석기
편　집 | 신선정, 김효은
일러스트 | 스위치
디자인 | 방혜자, 김효정, 서진희, 강은비
마케팅 | 나재승
제　작 | 현대순

발행처 | 동양북스
등　록 | 제 10-806호(1993년 4월 3일)
주　소 | 서울시 마포구 동교로22길 12(04030)
구입 문의 | 전화 (02)337-1737　팩스 (02)334-6624
내용 문의 | 전화 (02)337-1762　dybooks2@gmail.com

ISBN 978-89-8300-988-3 14730
ISBN 978-89-8300-890-9 14730(세트)

▶ 잘못된 책은 구입처에서 교환해드립니다.
▶ 도서출판 동양북스에서는 소중한 원고, 새로운 기획을 기다리고 있습니다.
http://www.dongyangbooks.com

머리말

새로운 시대에 필요한 새로운 언어 감각!!

시대의 흐름에 따라 변하는 것이 많이 있지만 무엇보다 민감한 변화는 우리들의 언어생활이라고 여겨집니다.

사람들의 관심과 언어 표현은 끊임없이 변하며, 이러한 변화하는 시대의 분위기 속에서 뛰어난 외국어 실력을 갖춘다는 것은, 그 시대의 아이콘이 되는 톡톡 튀는 표현을 유감없이 발휘할 수 있는 언어 감각을 가진다는 것일 것입니다. 이 교재는 이러한 문제의식 속에 집필되었습니다.

일반적으로 트렌디한 소재로 재미있게 전개되는 학습서는 지나치게 재미 위주로 편중되어 있어 학습서로는 부족하거나, 시험 대비를 위한 학습서는 너무 딱딱한 수험서 느낌의 책으로 집필되어서 재미있게 공부하며 시험 대비를 할 수 있는 책은 참으로 드문 것 같습니다.

어떻게 하면 실용 일본어를 재미있게 배우고, 문법과 어휘, 청취와 독해 능력까지 골고루 배양하여 시험 대비를 위한 실력까지 갖출 수 있는 교재를 제공해 줄 수 있을까? 하는 문제의식의 출발이 이 교재의 집필 동기라 할 수 있습니다.

이 교재는 톡톡 튀는 트렌디한 감각을 생생하고 현실감 넘치는 스토리를 통해 배우고, 꼼꼼하게 문법과 어휘, 청취 감각을 체크하는 시험 대비 코너도 갖추고 있어 재미와 실용성, 감각과 실력의 두 마리 토끼를 다 잡을 수 있습니다. 일본어를 배우는 자나 가르치는 자 모두에게 만족감을 주는 책이 될 것입니다.

아무쪼록 이 교재를 통해 일본어를 배우게 되는 모든 사람에게 누구보다도 뛰어난 일본어 감각과 실력을 배양하는 데 조금도 부족함이 없는 자그마한 도구로 쓰이길 소망합니다.

이 교재가 출간되기까지 최고의 교재를 위해 최선의 열정을 아낌없이 쏟아주신 동양북스 일본어팀 및 여러 관계자 여러분들께 깊은 감사를 드리며…….

저자 일동

이 책의 구성

도입

우선 각 과에 대한 학습 목표를 확인하고 이어지는 대화문을 쉽게 이해할 수 있도록 대화 상황을 간략한 만화로 제시하였습니다. 초기 단계부터 부담 없이 재미있게 일본어 학습을 시작할 수 있습니다.

톡톡 회화

일상 일본어 회화를 바탕으로 실용적이고 자연스러운 대화문을 구성하였습니다. 기존 교재와 달리 각 등장인물의 성격이 엿보이는 즐겁고 재미있는 내용으로 일본어 학습에 대한 흥미나 동기를 갖게 해 줍니다.

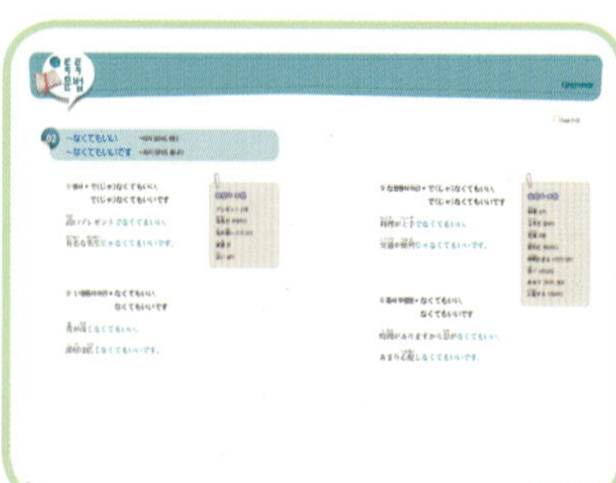

톡톡 문법

톡톡 회화에서 나오는 주요 문법 사항을 정리하여 제시하였습니다. 해당 문법을 활용한 예문도 다양하게 실어서 문법에 대한 이해를 도와줍니다.

톡톡 패턴

톡톡 문법에 나온 주요 문법을 중심으로 문형 연습을 구성하였습니다. 이 톡톡 패턴에서는 배운 문법을 토대로 실제 응용 연습을 통해 일본어의 기초를 탄탄히 다지고, 바로 실제 회화에서 쓸 수 있도록 도와줍니다.

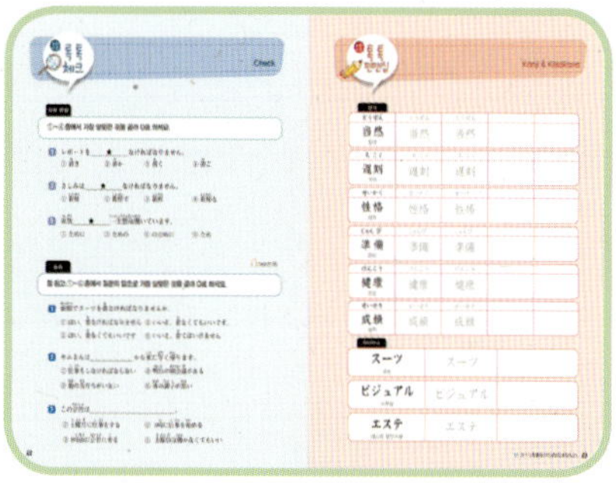

톡톡 체크

각 과에 나오는 주요 어휘와 문법을 중심으로 연습 문제를 실었습니다. '어휘 · 문법'과 '청취'의 유형별로 나누어져 있어서 각종 일본어 시험의 기초 실력을 키울 수 있습니다.

톡톡 펜맨십

각 과에 나오는 주요 어휘 중 기본 한자 단어, 가타카나 단어를 직접 쓰며 확인할 수 있습니다.

톡톡 어휘

각 과에 관련된 어휘를 그림과 같이 다양하게 제시하였습니다. 어휘를 충분히 익힌 후, 각 과에서 배웠던 문법 사항을 활용한 확장 연습도 가능합니다.

부록

톡톡 회화의 한국어 해석, 문법 사항을 쉽게 찾을 수 있는 색인, 톡톡 패턴의 정답 그리고 톡톡 체크의 각 정답과 청취 스크립트를 수록하였습니다.

★ 음성 녹음 MP3 CD, 워크북 별책

본문 내용을 녹음한 MP3 CD, 각 과의 톡톡 패턴과 톡톡 펜맨십을 직접 쓰고 연습할 수 있도록 워크북을 수록하였습니다.

Talk 목차

Contents

이 책의 학습 구성표

unit	과 제목	학습 목표	문법 및 표현
unit 01	スーツを着なければなりませんか。 정장을 입어야 합니까?	의무와 불필요, 목적 표현 익히기	01 ~なければならない/~なければなりません ~하지 않으면 안 된다 / ~하지 않으면 안 됩니다 ① 명사+で(じゃ)なければならない ② い형용사 어간+くなければならない ③ な형용사 어간+で(じゃ)なければならない ④ 동사 부정형+なければならない 02 ~なくてもいい / ~なくてもいいです ~하지 않아도 된다 / ~하지 않아도 됩니다 ① 명사+で(じゃ)なくてもいい ② い형용사 어간+くなくてもいい ③ な형용사 어간+で(じゃ)なくてもいい ④ 동사 부정형+なくてもいい 03 ~ための~ / ~ために ~위한~ / ~위해서
unit 02	いつでもドライブができます。 언제든지 드라이브 할 수 있습니다.	가능 동사와 추측 표현 익히기	01 가능 표현 ① 명사+ができる ② 동사 기본형+ことができる ③ 동사 가능형 02 ~だろう / ~でしょう ~이겠지 / ~이겠지요 03 ~かもしれない / ~かもしれません ~일지도 모른다 / ~일지도 모릅니다
unit 03	日本へ留学に行くつもりです。 일본에 유학하러 갈 예정입니다.	의지형 익히기	01 의지와 예정 표현 ① 동사 기본형+つもりだ ~할 생각이다 ② 동사 ない형+つもりだ ~하지 않을 생각이다 ③ 동사 기본형+予定だ ~할 예정이다 ④ 동사 의지형+と思う ~하려고 한다 02 복합 동사
unit 04	ロトに当たったら何がしたいですか。 로또에 당첨되면 무엇을 하고 싶습니까?	가정 표현 익히기	01 ~ば ~(하)면 ① 동사 え단+ば ② い형용사 어간+ければ ③ 조동사 어간 (동사형 え단+ば, い형용사 어미형 어간+ければ) 02 ~たら ~(하)면 ① 동사 た형+ら ② い형용사 た형+ら ③ な형용사 た형+ら ④ 명사+だったら 03 ~と ~(하)면 ① 동사 기본형+と ② 동사 ない형+と

unit	과 제목	학습 목표	문법 및 표현
unit 05	キャンディーブーケを作(つく)ってあげたらどうですか。 사탕부케를 만들어 주면 어떨습니까?	수수 동사와 조건 표현 익히기	01 수수 표현 ① ① 동식물, 아랫사람に 명사を やる ~에게 ~을/를 주다 친구(동격의 사람)に 명사を あげる ~에게 ~을/를 주다 윗사람に 명사を さしあげる ~께 ~을/를 드리다 ② 친구(동격의 사람)が 명사を くれる ~이/가 ~을/를 주다 윗사람が 명사を くださる ~께서 ~을/를 주시다 ③ 친구(동격의 사람)に/から 명사を もらう ~에게 ~을/를 받다 윗사람に/から 명사を いただく ~께 ~을/를 받다 02 수수 표현 ② ① ~てやる ~해 주다 ~てあげる ~해 주다 ② ~てくれる~해 주다 ~てくださる ~해 주시다 ③ ~てもらう~해 주다 ~ていただく ~해 주시다 03 ~なら ~한다면, ~(이)라면 ① 동사 기본형+なら ② い형용사 기본형+なら ③ な형용사 어간+なら ④ 명사+なら
unit 06	雨(あめ)が降(ふ)りそうですから。 비가 내릴 것 같으니까요.	추측과 양태 전문 표현 익히기	01 ~そうだ ~라고 한다(전문) ① 동사 る/ている/た +そうだ ② い형용사 い/かった +そうだ ③ な형용사 だ/だった +そうだ ④ 명사 だ/だった +そうだ 02 ~そうだ ~처럼 보인다, ~인 것 같다 ① 동사 ます형+そうだ ② い형용사 어간 +そうだ ③ な형용사 어간+そうだ ④ ~そうな +명사 ⑤ ~そうに +동사
unit 07	ドラマのような話(はなし)ですね。 드라마 같은 이야기네요.	추측 표현 익히기	01 ~らしい ~인것같다 ① 동사 る/ている/た +らしい ② い형용사 い/かった +らしい ③ な형용사 어간/だった +らしい ④ 명사− / だった +らしい 02 ~ようだ ~같다 ① 동사 る/ている/た +ようだ ② い형용사 い/かった +ようだ ③ な형용사 な/だった +ようだ ④ 명사 の/だった +ようだ 03 ~ような ~같은 / ~ように ~처럼 04 가능형+ようになる ~할 수 있게 되다 05 동사+ように ~하도록 / ないように ~하지 않도록

이 책의 학습 구성표

unit	과 제목	학습 목표	문법 및 표현
unit 08	まさか誰かに 会ったんですか。 설마 누군가를 만난 겁니까?	수동 표현 익히기	01 수동형 ~れる, られる, こられる, される ① 1그룹 동사의 수동형 ② 2그룹 동사의 수동형 ③ 3그룹 동사의 수동형 02 일반 수동 ① (사물, 사건이) ~어지다 ② (사람이) ~받다, ~히다, ~리다, 당하다 03 피해 수동
unit 09	雑務ばかり させられています。 잡무만 하고 있습니다.	사역과 사역의 수동 표현 익히기	01 사역형 ~せる, させる ~시키다 ① 1그룹 동사의 사역형 ② 2그룹 동사의 사역형 ③ 3그룹 동사의 사역형 02 사역 수동 ① 1그룹 동사의 사역 수동형 ② 2그룹 동사의 사역 수동형 ③ 3그룹 동사의 사역 수동형 03 ばかり ~만 ① 명사+ばかり ② 동사 て형+ばかり+いる
unit 10	少々お待ち ください。 잠시 기다려 주십시오.	경어 표현 익히기	01 존경 표현 ① 존경 어법 お(ご)+ます형 / 동작성 명사+になる ② 동사+れる, られる ③ 존경 당부 표현 ④ 특수 존경어 02 겸양 표현 ① 겸양 어법 お(ご)+ます형 / 동작성 명사+する(致す) ② 특수 겸양어 03 특수 경어

등장 인물 소개

등장 인물

나카무라 미카(中村美香)

일본인 회사원.
현재 한국, 서울 지사에 근무 중
한류와 쇼핑에 열광하고
패션과 미용에 관심 많은 20대.
직선적이고 쿨한 성격.

이준수(イ・ジュンス)

한국인 학생.
취업을 준비하는 대학교 4학년.
미카와는 일본에 어학연수
갔을 때 알게 된 사이.
성실하고 진지하며,
취업으로 고민하고 있다.
아려의 짝사랑의 대상.

김주원(キム・ジュウォン)

한국인 회사원. 이준수의 선배.
회사생활에 흥미를 느끼지 못하고
늘 피곤에 겨워하고 있다.
이직에 관심이 많고
미카에게 마음이 있으나
워낙 존재감이 없음.

왕아려(ワン・アリョ)

착하고 귀여운 여동생 스타일의
중국인 유학생. 대학교 1학년.
세련된 미카를 친언니처럼 따르며
동경한다. 이준수 선배앓이.
통통한 몸매에
콤플렉스를 느끼고 있다.
실은 북경 갑부의 외동딸.

unit 01

スーツを着(き)なければなりませんか。

정장을 입어야 합니까?

학습목표 의무와 불필요, 목적 표현 익히기

トクトク 톡톡 회화

Dialogue

Track 01-01

ジュンス 中村さん、明日の面接のことなんですが。

美香 はい。何ですか。

ジュンス スーツを着なければなりませんか。

美香 当然スーツを着た方がいいと思いますよ。

ジュンス やっぱりそうですよね。

美香 何と言ってもビジュアルは重要ですからね。
私は面接官にアピールするために面接の前日にわざわざエステに行ったんです。まあ、普通エステまで行かなくてもいいんですけどね。

ジュンス そうなんですか。それでその面接には受かったんですか。

美香 それが、メークに時間がかかって遅刻しちゃって。

ジュンス まったく。

낱말과 표현

- **面接** 면접
- **スーツ** 정장, 슈트
- **着る** 입다
- **当然** 당연(히)
- **やっぱり** 역시
- **何と言っても** 뭐니뭐니해도
- **ビジュアル** 비주얼
- **重要だ** 중요하다
- **面接官** 면접관
- **～ために** ~위해서
- **前日** 전날
- **わざわざ** 특별히
- **エステ** 에스테, 전신 미용
- **まあ** 뭐
- **普通** 보통
- **それで** 그래서
- **受かる** 합격하다
- **メーク** 메이크업
- **時間がかかる** 시간이 걸리다
- **遅刻する** 지각하다
- **まったく** 정말, 완전

톡톡 문법

トクトク

01 ～なければならない ～하지 않으면 안 된다
～なければなりません ～하지 않으면 안 됩니다

① 명사 + で(じゃ)なければならない,
　　　　で(じゃ)なければなりません

この本(ほん)でなければならない。

彼女(かのじょ)じゃなければなりません。

② い형용사 어간 + くなければならない,
　　　　　　　　くなければなりません

性格(せいかく)が良(よ)くなければならない。

駅(えき)が近(ちか)くなければなりません。

낱말과 표현

性格(せいかく) 성격

駅(えき) 역

近(ちか)い 가깝다

Grammar

Track 01-02

③ な형용사 어간 + で(じゃ)なければならない, で(じゃ)なければなりません

真面目(まじめ)でなければならない。

周(まわ)りが静(しず)かじゃなければなりません。

④ 동사 부정형 + なければならない, なければなりません

日本語(にほんご)で話(はな)さなければならない。

いい会社(かいしゃ)に就職(しゅうしょく)しなければなりません。

낱말과 표현

- 真面目(まじめ)だ 성실하다
- 周(まわ)り 주변
- 静(しず)かだ 조용하다
- ～で ~(으)로
- 話(はな)す 말하다
- 会社(かいしゃ) 회사
- 就職(しゅうしょく)する 취직하다

톡톡 문법

02 ~なくてもいい ~하지 않아도 된다
~なくてもいいです ~하지 않아도 됩니다

① 명사 + で(じゃ)なくてもいい,
で(じゃ)なくてもいいです

高(たか)いプレゼントでなくてもいい。

有名(ゆうめい)な先生(せんせい)じゃなくてもいいです。

낱말과 표현

プレゼント 선물
有名(ゆうめい)だ 유명하다
背(せ)が高(たか)い 키가 크다
部屋(へや) 방
広(ひろ)い 넓다

② い형용사 어간 + くなくてもいい,
くなくてもいいです

背(せ)が高(たか)くなくてもいい。

部屋(へや)は広(ひろ)くなくてもいいです。

Grammar

Track 01-02

③ な형용사 어간 + で(じゃ)なくてもいい,
　　　　　　　　で(じゃ)なくてもいいです

料理(りょうり)が上手(じょうず)でなくてもいい。

交通(こうつう)が便利(べんり)じゃなくてもいいです。

④ 동사 부정형 + なくてもいい,
　　　　　　　なくてもいいです

時間(じかん)があるから急(いそ)がなくてもいい。

あまり心配(しんぱい)しなくてもいいです。

낱말과 표현

- 料理(りょうり) 요리
- 上手(じょうず)だ 잘하다
- 交通(こうつう) 교통
- 便利(べんり)だ 편리하다
- 時間(じかん)がある 시간이 있다
- 急(いそ)ぐ 서두르다
- あまり 그다지, 별로
- 心配(しんぱい)する 걱정하다

톡톡 문법 Grammar

Track 01-02

03 ～ための～ ～위한～
～ために ～위해서

将来(しょうらい)のための準備(じゅんび)をしなければなりません。

健康(けんこう)のために運動(うんどう)しなければなりません。

いい成績(せいせき)を取(と)るためには一生懸命勉強(いっしょうけんめいべんきょう)しなければなりません。

ネイティブと日本語(にほんご)で話(はな)すために日本語(にほんご)の勉強(べんきょう)をしています。

낱말과 표현

- **将来**(しょうらい) 장래
- **準備する**(じゅんび) 준비하다
- **健康**(けんこう) 건강
- **成績を取る**(せいせき・と) 성적을 받다
- **一生懸命**(いっしょうけんめい) 열심히
- **ネイティブ** 네이티브

톡톡 패턴 Pattern practice

Track 01-03

A 보기와 같이 연습해 보세요.

보기

A : 何をしなければなりませんか。

B : アルバイトに行かなければなりません。

アルバイトに行く

1 レポートを書く

2 料理を作る

3 試験を受ける

4 書類を作成する

5 メールをチェックする

6 9時までに学校に来る

낱말과 표현

レポート 리포트	試験を受ける 시험을 치다	メール 메일
料理 요리	書類 서류	チェックする 체크하다
作る 만들다	作成する 작성하다	

톡톡 패턴

Track 01-04

B

보기

結婚する

A：結婚しなければなりませんか。

B：いいえ、結婚しなくてもいいです。

1 お金を払う

2 写真を撮る

3 英語で話す

4 朝早く起きる

5 アプリをダウンロードする

6 試験に合格する

낱말과 표현

お金 돈
払う 지불하다
写真を撮る 사진을 찍다
朝早く 아침 일찍
起きる 일어나다
アプリ 앱
ダウンロードする 다운로드하다
試験 시험
合格する 합격하다

Pattern practice

Track 01-05

C

보기

A：何(なん)のために日本語(にほんご)の勉強(べんきょう)をしていますか。

B：日本語(にほんご)で小説(しょうせつ)を読(よ)むために勉強(べんきょう)しています。

日本語(にほんご)で小説(しょうせつ)を読(よ)む

1 日本(にほん)に留学(りゅうがく)する

2 日本(にほん)の会社(かいしゃ)に入(はい)る

3 日本(にほん)のドラマを字幕(じまく)なしで見(み)る

4 日本人(にほんじん)の友(とも)だちと日本語(にほんご)で話(はな)す

5 いい会社(かいしゃ)に就職(しゅうしょく)する

6 日本語能力試験(にほんごのうりょくしけん)を受(う)ける

낱말과 표현

- 小説(しょうせつ) 소설
- 留学(りゅうがく) 유학
- ドラマ 드라마
- 字幕(じまく) 자막
- なし 없음
- 就職(しゅうしょく)する 취직하다
- 日本語能力試験(にほんごのうりょくしけん) 일본어능력시험
- 受(う)ける (시험 등을) 보다, 치다

トクトク 톡톡 체크 Check

어휘·문법

①~④ 중에서 가장 알맞은 것을 골라 O표 하세요.

1 レポートを＿＿★＿＿なければなりません。

① 書き　② 書か　③ 書く　④ 書こ

2 さしみは＿＿★＿＿なければなりません。

① 新鮮　② 新鮮で　③ 新鮮　④ 新鮮な

3 家族＿＿★＿＿一生懸命働いています。

① ために　② ための　③ のために　④ ため

청취

Track 01-06

잘 듣고 ①~④ 중에서 질문의 답으로 가장 알맞은 것을 골라 O표 하세요.

1 面接でスーツを着なければなりませんか。

① はい、着なければなりません　② いいえ、着なくてもいいです

③ はい、着なくてもいいです　④ いいえ、着てはいけません

2 キムさんは＿＿＿＿＿＿から家に早く帰ります。

① 仕事をしなければならない　② 明日の朝会議がある

③ 他の友だちがいない　④ 体の調子が悪い

3 この会社は＿＿＿＿＿＿＿＿＿＿。

① 土曜日に仕事をする　② 9時に仕事を始める

③ 9時前に会社に来る　④ 土曜日は働かなくてもいい

トクトク 톡톡 펜맨십

Kanji & Katakana

한자

とうぜん	とうぜん	とうぜん		
当然 당연	当然	当然		
ちこく	ちこく	ちこく		
遅刻 지각	遅刻	遅刻		
せいかく	せいかく	せいかく		
性格 성격	性格	性格		
じゅんび	じゅんび	じゅんび		
準備 준비	準備	準備		
けんこう	けんこう	けんこう		
健康 건강	健康	健康		
せいせき	せいせき	せいせき		
成績 성적	成績	成績		

가타카나

スーツ 슈트	スーツ	
ビジュアル 비주얼	ビジュアル	
エステ 에스테, 전신 미용	エステ	

오늘 무엇을 해야 합니까?

Track 01-07

보기

그림을 보면서 다음과 같이 이야기해 보세요.

会社に行かなければなりませんか。

– はい、行かなければなりません。

– いいえ、行かなくてもいいです。

手紙を書く
편지를 쓰다

レポートを出す
리포트를 내다

お酒を飲む
술을 마시다

スーツを着る
슈트를 입다

部屋の掃除をする
방 청소를 하다

料理を作る
요리를 만들다

톡톡 어휘

試験を受ける
시험을 치다

残業する
야근하다, 잔업하다

図書館で本を借りる
도서관에서 책을 빌리다

朝早く起きる
아침 일찍 일어나다

プレゼントを買う
선물을 사다

日本語の勉強をする
일본어 공부를 하다

結婚式に行く
결혼식에 가다

薬を飲む
약을 먹다

タバコを止める
담배를 끊다

unit 02

いつでもドライブができます。

언제든지 드라이브할 수 있습니다.

학습목표 가능 동사와 추측 표현 익히기

トクトク 톡톡 회화 Dialogue

Track 02-01

アリョ ジュンス先輩(せんぱい)！ジュンス先輩(せんぱい)！

ジュンス どうしたの、アリョ？

アリョ 私(わたし)、ついに運転免許(うんてんめんきょ)を取(と)ったんです。
昨日(きのう)車(くるま)も買(か)って、いつでもドライブができます。

ジュンス すごい！おめでとう。

アリョ あの…。それで先輩(せんぱい)にお願(ねが)いがあるんですが。

ジュンス いいよ。何(なに)？

アリョ 今(いま)すぐ運転(うんてん)するのはまだ危険(きけん)だろうと思(おも)うので、先輩(せんぱい)に運転(うんてん)教(おし)えてほしいんです。

ジュンス ごめん！信(しん)じられないかもしれないけど、僕(ぼく)まだ免許(めんきょ)がないんだ。

낱말과 표현

- **どうしたの** 무슨 일이야?
- **ついに** 드디어
- **運転(うんてん)** 운전
- **免許(めんきょ)を取(と)る** 면허를 따다
- **車(くるま)** 차
- **ドライブ** 드라이브
- **できる** 할 수 있다
- **すごい** 굉장하다
- **おめでとう** 축하해
- **お願(ねが)い** 부탁
- **今(いま)すぐ** 지금 바로
- **危険(きけん)だ** 위험하다
- **～だろう** ~이겠지
- **～と思(おも)う** ~고 생각하다
- **ごめん** 미안
- **信(しん)じる** 믿다

トクトク 톡톡 문법

01 가능 표현

① 명사 + ができる

私は運転ができます。

水泳ができます。

ここでは撮影ができません。

② 동사 기본형 + ことができる

日本語で話すことができます。

無料で動画を見ることができます。

図書館は夜10時まで利用することができます。

③ 동사 가능형

ここでは安い値段でショッピングが楽しめます。

彼の話は信じられません。

内容が難しくて、理解できません。

明日は来られません。

낱말과 표현

水泳 수영
撮影 촬영
無料 무료
動画 동영상
利用 이용
値段 가격
話 이야기
内容 내용
理解 이해

Grammar

Track 02-02

1그룹 동사의 가능형

う단 ⇒ え단 +る	
기본형	가능형
買(か)う 사다	買(か)える 살 수 있다
行(い)く 가다	行(い)ける 갈 수 있다
泳(およ)ぐ 헤엄치다	泳(およ)げる 헤엄칠 수 있다
話(はな)す 이야기하다	話(はな)せる 이야기할 수 있다
待(ま)つ 기다리다	待(ま)てる 기다릴 수 있다
死(し)ぬ 죽다	死(し)ねる 죽을 수 있다
飛(と)ぶ 날다	飛(と)べる 날 수 있다
飲(の)む 마시다	飲(の)める 마실 수 있다
座(すわ)る 앉다	座(すわ)れる 앉을 수 있다

2그룹 동사의 가능형

る ⇒ られる	
기본형	가능형
起(お)きる 일어나다	起(お)きられる 일어날 수 있다
信(しん)じる 믿다	信(しん)じられる 믿을 수 있다
教(おし)える 가르치다	教(おし)えられる 가르칠 수 있다
覚(おぼ)える 기억하다	覚(おぼ)えられる 기억할 수 있다

3그룹 동사의 가능형

기본형	가능형
来(く)る 오다	来(こ)られる 올 수 있다
する 하다	できる 할 수 있다

トクトク 톡톡 문법 Grammar

Track02-02

02 ～だろう ～이겠지
～でしょう ～이겠지요

彼(かれ)はここに来(く)るだろうと思(おも)います。

彼女(かのじょ)の夢(ゆめ)は叶(かな)うでしょう。

明日(あした)は晴(は)れるでしょう。

낱말과 표현

- **～と思(おも)う** ~고 생각하다
- **夢(ゆめ)** 꿈
- **叶(かな)う** 이루어지다
- **晴(は)れる** (날씨가) 개다

03 ～かもしれない ～일지도 모른다
～かもしれません ～일지도 모릅니다

試験(しけん)に落(お)ちたかもしれない。

彼(かれ)は来(こ)ないかもしれません。

あの二人(ふたり)は付(つ)き合(あ)っているかもしれません。

낱말과 표현

- **落(お)ちる** 떨어지다
- **付(つ)き合(あ)う** 사귀다

톡톡 패턴 Pattern practice

Track02-03

A 보기와 같이 연습해 봅시다.

보기

この漢字(かんじ)を読(よ)む

A：この漢字(かんじ)が読(よ)めますか。

B：はい、読(よ)めます。／いいえ、読(よ)めません。

1 中国語(ちゅうごくご)を話(はな)す

2 日本(にほん)の歌(うた)を歌(うた)う

3 漢字(かんじ)を書(か)く

4 ホームページを作(つく)る

5 日本語(にほんご)でレポートを書(か)く

6 通訳(つうやく)をする

낱말과 표현

漢字(かんじ) 한자
作(つく)る 만들다
通訳(つうやく) 통역
ホームページ 홈페이지
レポート 리포트

톡톡 패턴

B

Track02-04

보기

インターネットで安(やす)く買(か)う

A：インターネットで安(やす)く買(か)うことができます。

B：そうですね。安(やす)く買(か)えますね。

1 コーヒーショップでおいしいコーヒーを飲(の)む

2 郵便局(ゆうびんきょく)で小包(こづつみ)を送(おく)る

3 図書館(としょかん)で本(ほん)を借(か)りる

4 コンビニでお弁当(べんとう)を食(た)べる

5 公園(こうえん)で散歩(さんぽ)する

6 自転車(じてんしゃ)で来(く)る

낱말과 표현

インターネット 인터넷
安(やす)く 싸게
コーヒーショップ 커피숍
郵便局(ゆうびんきょく) 우체국
小包(こづつみ) 소포
送(おく)る 보내다
図書館(としょかん) 도서관
借(か)りる 빌리다
コンビニ 편의점
お弁当(べんとう) 도시락
公園(こうえん) 공원
散歩(さんぽ)する 산책하다
自転車(じてんしゃ) 자전거

Pattern practice

C

Track02-05

보기

A : 彼(かれ)は来(こ)られるでしょうか。

B : 来(こ)られないかもしれません。

彼(かれ)は来(こ)られる

1 いい人(ひと)に会(あ)える

2 留学(りゅうがく)に行(い)ける

3 彼女(かのじょ)は料理(りょうり)が作(つく)れる

4 この服(ふく)が着(き)られる

5 今年(ことし)入社(にゅうしゃ)できる

6 あの二人(ふたり)は結婚(けっこん)できる

낱말과 표현

留学(りゅうがく) 유학
服(ふく) 옷
今年(ことし) 올해
料理(りょうり) 요리
着(き)る 입다
入社(にゅうしゃ) 입사

톡톡 체크 Check

어휘·문법

①~④ 중에서 가장 알맞은 것을 골라 O표 하세요.

1 郵便局(ゆうびんきょく)で小包(こづつみ)を＿＿★＿＿ことができます。

① 送(おく)る　② 送(おく)り　③ 送(おく)った　④ 送(おく)って

2 この漢字(かんじ)は難(むずか)しくて＿＿★＿＿。

① 読(よ)みません　② 読(よ)めません　③ 読(よ)まません　④ 読(よ)もません

3 服(ふく)が小(ちい)さくて＿＿★＿＿かもしれません。

① 着(き)る　② 着(き)ない　③ 着(き)られない　④ 着(き)らない

청취

Track 02-06

잘 듣고 ①~④ 중에서 질문의 답으로 가장 알맞은 것을 골라 O표 하세요.

1 キムさんは英語(えいご)が＿＿＿＿＿＿＿＿＿＿。

① とても上手(じょうず)だ　② 全然(ぜんぜん)できない

③ 読(よ)むことができる　④ 話(はな)すことができる

2 池田(いけだ)さんは＿＿＿＿＿＿＿＿＿＿。

① 料理(りょうり)ができない　② どんな料理(りょうり)でもできる

③ 簡単(かんたん)な料理(りょうり)ができる　④ 簡単(かんたん)な料理(りょうり)もできない

3 先輩(せんぱい)は＿＿＿＿＿＿＿＿＿＿。

① 約束(やくそく)を忘(わす)れているかもしれない　② 約束(やくそく)を忘(わす)れているだろう

③ 約束(やくそく)を忘(わす)れていないだろう　④ 約束(やくそく)を忘(わす)れていた

톡톡 펜맨십

Kanji & Katakana

한자

うんてん 運転 운전	うんてん 運転	うんてん 運転		
めんきょ 免許 면허	めんきょ 免許	めんきょ 免許		
むりょう 無料 무료	むりょう 無料	むりょう 無料		
りよう 利用 이용	りよう 利用	りよう 利用		
ねだん 値段 값	ねだん 値段	ねだん 値段		
つうやく 通訳 통역	つうやく 通訳	つうやく 通訳		

가타카나

ボーリング 볼링	ボーリング	
スノーボード 스노보드	スノーボード	
コンビニ 편의점	コンビニ	

무엇을 할 수 있나요?

Track 02-07

보기

그림을 보면서 다음과 같이 이야기해 보세요.

A：ゴルフができますか。

B：はい、できます。

いいえ、できません。

料理（りょうり）
요리

編み物（あみもの）
뜨개질

釣り（つり）
낚시

コンピューターゲーム
컴퓨터 게임

サイクリング
사이클링

ビリヤード
당구

톡톡 어휘

スカッシュ
스쿼시

スキー
스키

ボーリング
볼링

スノーボード
스노보드

ゴルフ
골프

すいえい
水泳
수영

ヨガ
요가

アイススケート
아이스 스케이트

コスプレ
코스튬 플레이

unit 03

日本へ留学に行くつもりです。

일본에 유학하러 갈 예정입니다.

학습목표 의지형 익히기

톡톡 회화 Dialogue

Track 03-01

ジュウォン　中村さんはいつまで韓国にいる予定ですか。

美香　ここの生活が気に入ってなるべく長くいたいんですけど。多分来年には日本に帰らなければならないと思います。

ジュウォン　そうですか。実は僕も今年いっぱいまで働いて日本へ留学に行こうと思っています。

美香　急な話ですね。

ジュウォン　将来のために勇気を出して人生の計画を立て直すつもりです。

美香　すごいですね。私は真剣に自分の将来を考えたことがなくて…。

ジュウォン　大丈夫。中村さんの心配は僕がしますから、全て僕に任せてください。

낱말과 표현

- **いつまで** 언제까지
- **予定** 예정
- **生活** 생활
- **気に入る** 마음에 들다
- **なるべく** 가능한 한
- **長く** 길게, 오랫동안
- **多分** 아마
- **来年** 내년
- **帰る** 돌아가다
- **実は** 실은
- **今年いっぱい** 올해 말
- **働く** 일하다
- **留学** 유학
- **急だ** 갑작스럽다
- **話** 이야기
- **将来** 장래
- **勇気を出す** 용기를 내다
- **人生** 인생
- **計画** 계획
- **立て直す** 새롭게 세우다
- **真剣に** 진지하게
- **考える** 생각하다
- **大丈夫** 괜찮아(요)[大丈夫だ의 구어체]
- **全て** 모두
- **任せる** 맡기다

トクトク 톡톡 문법

01 의지와 예정 표현

① 동사 기본형 + つもりだ ~할 생각이다

夏休(なつやす)みに語学研修(ごがくけんしゅう)に行(い)くつもりだ。

大学院(だいがくいん)に進学(しんがく)しないで就職(しゅうしょく)するつもりです。

② 동사 ない형 + つもりだ ~하지 않을 생각이다

もう二度(にど)と彼(かれ)とは会(あ)わないつもりだ。

当分(とうぶん)アルバイトはしないつもりです。

③ 동사 기본형 + 予定(よてい)だ ~할 예정이다

飛行機(ひこうき)は午前(ごぜん)9時(じ)に出発(しゅっぱつ)する予定(よてい)です。

先生(せんせい)との面談(めんだん)は午後(ごご)3時(じ)にある予定(よてい)です。

④ 동사 의지형 + と思(おも)う ~하려고 한다

日本(にほん)へ留学(りゅうがく)に行(い)こうと思(おも)っている。

日本語能力試験(にほんごのうりょくしけん)を受(う)けようと思(おも)っています。

いろいろな仕事(しごと)にチャレンジしてみようと思(おも)っています。

낱말과 표현

- 語学研修(ごがくけんしゅう) 어학연수
- 大学院(だいがくいん) 대학원
- 進学(しんがく)する 진학하다
- 就職(しゅうしょく)する 취직하다
- もう二度(にど)と 두 번 다시
- 当分(とうぶん) 당분간
- 飛行機(ひこうき) 비행기
- 出発(しゅっぱつ)する 출발하다
- ~との ~와/과의
- 面談(めんだん) 면담
- いろいろな 여러 가지
- 仕事(しごと) 일
- チャレンジする 도전하다, 챌린지하다

Grammar

Track 03-02

1그룹 동사의 의지형

う단 ⇒ お단 +う	
기본형	의지형
買う 사다	買おう 사자
行く 가다	行こう 가자
泳ぐ 헤엄치다	泳ごう 헤엄치자
話す 이야기하다	話そう 이야기하자
待つ 기다리다	待とう 기다리자
死ぬ 죽다	死のう 죽자
飛ぶ 날다	飛ぼう 날자
飲む 마시다	飲もう 마시자
帰る 돌아가다	帰ろう 돌아가자

2그룹 동사의 의지형

어간 +よう	
기본형	의지형
起きる 일어나다	起きよう 일어나자
信じる 믿다	信じよう 믿자
教える 가르치다	教えよう 가르치자
覚える 기억하다	覚えよう 기억하자

3그룹 동사의 의지형

기본형	의지형
来る 오다 する 하다	来よう 오자 しよう 하자

トクトク 톡톡 문법 Grammar

Track 03-02

02 복합 동사

直す 다시 (고쳐) ~하다	考え直す 다시 생각하다 やり直す 다시 하다
やすい ~기 쉽다	書きやすい 쓰기 쉽다 覚えやすい 기억하기 쉽다
にくい ~기 어렵다	作りにくい 만들기 어렵다 着にくい 입기 어렵다
すぎる 지나치게 ~하다	食べすぎる 지나치게 먹다, 과식하다 飲みすぎる 지나치게 마시다, 과음하다
出す 갑자기 ~하다	泣き出す 갑자기 울다 笑い出す 갑자기 웃다

彼との結婚をもう一度考え直そうと思う。

この単語帳は覚えやすい。

このコートは着にくいです。

お酒は飲みすぎない方がいいです。

彼女は突然泣き出したり、笑い出したりします。

낱말과 표현

~との ~와/과의
結婚 결혼
もう一度 다시 한 번
単語帳 단어장
突然 갑자기

톡톡 패턴

Pattern practice

Track 03-03

A 보기와 같이 연습해 봅시다.

보기

アルバイトをする

アルバイトをするつもりです。

アルバイトをしないつもりです。

1 家(いえ)を買(か)う

2 エステに行(い)く

3 朝早(あさはや)く家(いえ)を出(で)る

4 日本語能力試験(にほんごのうりょくしけん)を受(う)ける

5 早(はや)く結婚(けっこん)する

6 図書館(としょかん)に来(く)る

낱말과 표현

エステ 에스테, 전신 미용	家(いえ)を出(で)る 집을 나서다	結婚(けっこん)する 결혼하다
朝早(あさはや)く 아침 일찍	試験(しけん)を受(う)ける 시험을 치다	図書館(としょかん) 도서관

톡톡 패턴

B

Track 03-04

보기

A：今度の週末に何をしようと思っていますか。

B：友だちに会おうと思っています。

友だちに会う

1 ドライブに行く

2 小説を読む

3 映画を見る

4 恋人とデートする

5 図書館で勉強する

6 学校に来る

낱말과 표현

今度 이번	小説 소설	恋人 애인
週末 주말	読む 읽다	デートする 데이트하다
ドライブ 드라이브	映画 영화	

Pattern practice

C

Track 03-05

보기

A：卒業後私は進学するつもりです。

B：私も進学しようと思っています。

卒業後, 進学する

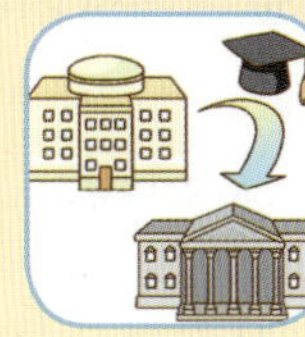

1 来月から, 中国語を習う

2 来年, 日本に行く

3 再来月, 引っ越す

4 明日から, 朝早く起きる

5 再来年, 結婚する

6 今日から, ダイエットする

낱말과 표현

卒業後 졸업 후	習う 배우다	引っ越す 이사하다
進学する 진학하다	来年 내년	再来年 내후년
来月 다음 달	再来月 다다음달	ダイエットする 다이어트하다

톡톡 체크 Check

어휘·문법

①~④ 중에서 가장 알맞은 것을 골라 O표 하세요.

1 A：今度の週末に予定がありますか。

B：友だちに＿＿＿★＿＿＿と思っています。

① 会うつもり　② 会おう　③ 会う　④ 会い

2 来月試験を＿＿＿★＿＿＿と思っています。

① 受ける　② 受けよう　③ 受けるつもり　④ 受けろう

3 飛行機は朝9時に出発する＿＿＿★＿＿＿です。

① つもり　② 予定　③ 予想　④ 計画

청취

Track 03-06

잘 듣고 ①~③ 중에서 질문의 답으로 가장 알맞은 것을 골라 O표 하세요.

1 キムさんは今年の日本語の試験を受けようと思っていますか。

①　②　③

2 鈴木さんはいつまで韓国にいるつもりですか。

①　②　③

3 会議はいつですか。

①　②　③

톡톡 펜맨십

Kanji & Katakana

한자

읽기	한자	뜻	따라 쓰기	따라 쓰기
よてい	予定	예정	予定	予定
せいかつ	生活	생활	生活	生活
たぶん	多分	아마	多分	多分
りゅうがく	留学	유학	留学	留学
ゆうき	勇気	용기	勇気	勇気
まかせる	任せる	맡기다	任せる	任せる
しゅっぱつ	出発	출발	出発	出発

가타카나

가타카나	뜻	따라 쓰기
チャレンジ	도전, 챌린지	チャレンジ
ダイエット	다이어트	ダイエット

어떤 계획을 가지고 있나요?

Track 03-07

보기

그림을 보면서 다음과 같이 이야기해 보세요.

留学(りゅうがく)に行(い)くつもりですか。

– はい、留学(りゅうがく)に行(い)くつもりです。

– いいえ、留学(りゅうがく)に行(い)かないつもりです。

大学(だいがく)に入(はい)る
대학교에 들어가다

大学院(だいがくいん)に進学(しんがく)する
대학원에 진학하다

会社(かいしゃ)に就職(しゅうしょく)する
회사에 취직하다

会社(かいしゃ)をやめる
회사를 그만두다

卒業論文(そつぎょうろんぶん)を書(か)く
졸업논문을 쓰다

卒業試験(そつぎょうしけん)を受(う)ける
졸업시험을 치다

톡톡 어휘

恋愛結婚(れんあいけっこん)をする
연애결혼을 하다

お見合(みあ)い結婚(けっこん)をする
중매결혼을 하다

子供(こども)を産(う)む
아이를 낳다

家(いえ)を買(か)う
집을 사다

海外旅行(かいがいりょこう)に行(い)く
해외여행을 가다

親(おや)といっしょに住(す)む
부모님과 함께 살다

一人(ひとり)で住(す)む
혼자 살다

ペットを飼(か)う
애완동물을 키우다

ボランティアをする
봉사활동을 하다

unit 04

ロトに当(あ)たったら何(なに)がしたいですか。

로또에 당첨되면 무엇을 하고 싶습니까?

학습목표 가정 표현 익히기

トクトク 톡톡 회화

Dialogue

Track 04-01

美香	ジュンスさんはもしロトに当たって一生働かなくてもいいお金があれば、それでも働きますか。
ジュンス	そうですね。この頃就職で悩んでいる僕としては本当に夢のような話ですけど…。でもお金持ちになっても多分仕事はすると思います。
美香	どうしてですか。
ジュンス	お金は必要ですけど、それが人生の全てじゃないですから。
美香	私はロトに当たったら、会社をすぐやめます。 そしてほしい物を全部買ってから世界一周旅行に行きます。
ジュンス	ハハハ。美香さんがほしい物を全部買うと旅行のためのお金が残らないんじゃないですか。
美香	私のこと、よく知っていますね…。

낱말과 표현

もし 만약
ロト 로또
当たる 당첨되다
一生 일생
あれば 있다면
それでも 그래도
この頃 요즘
就職 취직
～で悩む ~(으)로 고민하다, 고생하다
～としては ~(으)로서는
どうして 왜, 어째서
必要だ 필요하다
人生 인생
すぐ 당장, 곧바로
やめる 그만두다
そして 그리고
ほしい物 갖고 싶은 것
全部 전부
買う 사다
世界一周旅行 세계 일주 여행
残る 남다
よく 잘
知っている 알고 있다

톡톡 문법

01 ～ば ～(하)면

① 동사 え단＋ば

時間とお金があれば、海外旅行に行きたいです。

ここに行けばあなたもファッショニスタになれます。

地下鉄で行けば、間に合うでしょう。

毎日練習すれば、上手になるでしょう。

② い형용사 어간＋ければ

値段が安ければ買います。

質問がなければ、授業を終えます。

天気が良ければ、ここから富士山が見えます。

＊部屋が静かでなければ、ぐっすり眠れません。

낱말과 표현

ファッショニスタ 패셔니스타
間に合う 시간에 늦지 않게 대다
毎日 매일
質問 질문
終える 끝내다
天気 날씨
富士山 후지산
ぐっすり 푹

Track 04-02

③ 조동사 어간 (동사형 え단 + ば, い형용사 어미형 어간 + ければ)

やってみれば、わかるでしょう。

食(た)べたくなければ食(た)べなくてもいいです。

会(あ)いたければ、電話(でんわ)してみたらどうですか。

友(とも)だちの結婚式(けっこんしき)にどんな服(ふく)を着(き)ていけばいいでしょうか。

낱말과 표현

やる 하다

分(わ)かる 알다

結婚式(けっこんしき) 결혼식

服(ふく) 옷

톡톡 문법

02 ～たら ～(하)면

① 동사 た형＋ら

授業(じゅぎょう)が終(お)わったら、遊(あそ)びに行(い)きましょう。

日本(にほん)に着(つ)いたら、連絡(れんらく)ください。

気(き)になることがあったら、いつでも相談(そうだん)してください。

낱말과 표현

着(つ)く 도착하다
連絡(れんらく)する 연락하다
気(き)になる 마음이 쓰이다
いつでも 언제나
相談(そうだん)する 상담하다

② い형용사 た형＋ら

よかったら、一緒(いっしょ)に行(い)きましょうか。

気分(きぶん)が悪(わる)かったら、少(すこ)し横(よこ)になってください。

낱말과 표현

気分(きぶん)が悪(わる)い 몸이 안 좋다, 몸이 아프다
少(すこ)し 조금
横(よこ)になる 눕다

Track 04-02

③ な형용사 た형＋ら

暇(ひま)だったら、ちょっと手伝(てつだ)ってください。

心配(しんぱい)だったら、電話(でんわ)してみてください。

낱말과 표현

ちょっと 조금

手伝(てつだ)う 도와주다

心配(しんぱい)だ 걱정이다

④ 명사＋だったら

この話(はなし)がうそだったらどうしますか。

橋本先生(はしもとせんせい)だったらそうしなかったでしょう。

낱말과 표현

話(はなし) 이야기

うそ 거짓말

そうする 그렇게 하다

トクトク 톡톡 문법 Grammar

Track 04-02

03 ~と ~(하)면

① **동사 기본형 + と**

この道(みち)を真(ま)っ直(す)ぐ**行(い)くと**駅(えき)があります。

クリックするとニュースの内容(ないよう)が見(み)られます。

1に2を**足(た)すと**3になります。

낱말과 표현

道(みち) 길
真(ま)っ直(す)ぐ 곧장, 똑바로
駅(えき) 역
クリックする 클릭하다
ニュース 뉴스
内容(ないよう) 내용
足(た)す 더하다

② **동사 ない형 + と**

明日(あした)までに願書(がんしょ)を**出(だ)さないと**入学(にゅうがく)できません。

勉強(べんきょう)**しないと**成績(せいせき)が落(お)ちます。

お金(かね)を**入(い)れないと**切符(きっぷ)は出(で)ません。

낱말과 표현

願書(がんしょ) 원서
出(だ)す 내다
入学(にゅうがく) 입학
成績(せいせき) 성적
落(お)ちる 떨어지다
入(い)れる 넣다
切符(きっぷ) 표
出(で)る 나오다

톡톡 패턴 Pattern practice

Track 04-03

A 보기와 같이 연습해 봅시다.

보기

機会がある・留学に行く

機会があれば留学に行きたいです。

1 お金がある・海外旅行に行く

2 雨が降る・家にいる

3 試験に合格する・おごる

4 天気がいい・ドライブに行く

낱말과 표현

機会 기회	海外旅行 해외여행	合格する 합격하다
留学 유학	試験 시험	おごる 한턱내다

トクトク 톡톡 패턴

B

Track 04-04

授業が終わる・学科事務室に来る

보기 授業が終わったら学科事務室に来てください。

1 スケジュールが決まる・連絡する

2 映画が始まる・話さない

3 日本に着く・電話する

4 よく分からない・質問する

낱말과 표현

授業 수업	決まる 정해지다	分からない 모르다
終わる 끝나다	連絡する 연락하다	質問する 질문하다
学科事務室 학과 사무실	始まる 시작되다	
スケジュール 스케줄	着く 도착하다	

Pattern practice

C

Track 04-05

보기

たくさん食(た)べる・太(ふと)る

たくさん食(た)べると太(ふと)ります。

1 スイッチを押(お)す・電気(でんき)がつく

2 ホームページに入(はい)る・写真(しゃしん)が見(み)られる

3 この道(みち)を真(ま)っ直(す)ぐ行(い)く・駅(えき)がある

4 角(かど)を曲(ま)がる・病院(びょういん)が見(み)える

낱말과 표현

たくさん 많이
太(ふと)る 살찌다
スイッチ 스위치
押(お)す 누르다
電気(でんき)がつく 전기가 켜지다
ホームページ 홈페이지
写真(しゃしん) 사진
見(み)られる 볼 수 있다
真(ま)っ直(す)ぐ 곧장, 똑바로
駅(えき) 역
角(かど)を曲(ま)がる 모퉁이를 돌다
病院(びょういん) 병원

톡톡 체크 Check

어휘·문법

①~④ 중에서 가장 알맞은 것을 골라 O표 하세요.

1 おいしく＿＿★＿＿食べなくてもいいです。

① なければ　② なれば　③ なかれば　④ なけば

2 ボタンを＿＿★＿＿ドアが開きます。

① 押すと　② 押せと　③ 押さと　④ 押しと

3 試験が ＿＿★＿＿遊びに行きましょう。

① 終わったら　② 終あったら　③ 終かったら　④ 終らったら

청취

Track 04-06

잘 듣고 ①~④ 중에서 질문의 답으로 가장 알맞은 것을 골라 O표 하세요.

1 ハイキングは＿＿＿＿＿＿＿＿。

① 晴れれば行く　② 雨が降っても行く

③ 来週行く　④ 雨で行かない

2 コピーは＿＿＿＿＿＿＿＿。

① 緑のボタンを押す　② 赤いボタンを押す

③ 緑のボタンを押して赤いボタンを押す　④ 赤いボタンを押して緑のボタンを押す

3 車の窓を開けるためにはどのボタンを押せばいいですか。

① 小さい白いボタン　② 白いボタン

③ 小さい黒いボタン　④ 黒いボタン

톡톡 펜맨십

Kanji & Katakana

한자

いっしょう 一生 일생	いっしょう 一生	いっしょう 一生		
ひつよう 必要 필요	ひつよう 必要	ひつよう 必要		
れんしゅう 練習 연습	れんしゅう 練習	れんしゅう 練習		
てんき 天気 날씨	てんき 天気	てんき 天気		
えき 駅 역	えき 駅	えき 駅		
そうだん 相談 상담	そうだん 相談	そうだん 相談		
べんきょう 勉強 공부	べんきょう 勉強	べんきょう 勉強		

가타카나

ロト 로또	ロト	
ドライブ 드라이브	ドライブ	

로또에 당첨되면 무엇을 하고 싶어요?

Track 04-07

보기

그림을 보면서 다음과 같이 이야기해 보세요.

A：ロトに当(あ)たったら何(なに)がしたいですか。

B：海外旅行(かいがいりょこう)に行(い)きたいです。

海外旅行(かいがいりょこう)に行(い)く
해외여행을 가다

家(いえ)を建(た)てる
집을 짓다

全部貯金(ぜんぶちょきん)する
전부 저금하다

全額寄付(ぜんがくきふ)する
전액 기부하다

両親(りょうしん)にあげる
부모님에게 드리다

映画(えいが)を製作(せいさく)する
영화를 제작하다

톡톡 어휘

会社を設立する
회사를 설립하다

株を買う
주식을 사다

仕事を辞める
일을 그만두다

世界一周する
세계 일주하다

宝石を買う
보석을 사다

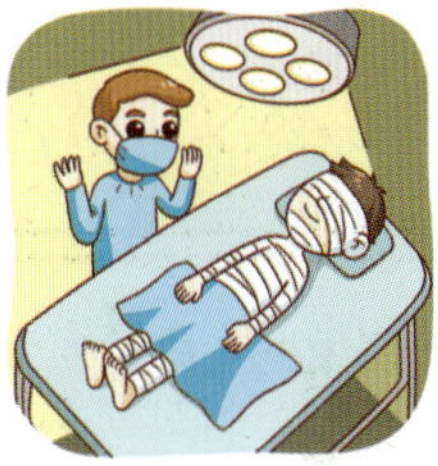

全身整形手術をする
전신 성형수술을 하다

ビルを買う
빌딩을 사다

恋人のために使う
애인을 위해 쓰다

別荘を買う
별장을 사다

unit 05

キャンディーブーケを作(つく)ってあげたらどうですか。

사탕부케를 만들어 주면 어떻습니까?

학습목표 수수 동사와 조건 표현 익히기

トクトク 톡톡 회화 Dialogue

Track 05-01

ジュンス	アリョからバレンタインのプレゼントをもらったんですが、ホワイトデーに何(なに)をあげたらいいでしょうか。
美香(みか)	インターネットで検索(けんさく)してみたらどうですか。
ジュンス	インターネットで検索(けんさく)して選(えら)んだプレゼントより心(こころ)のこもったプレゼントをあげた方(ほう)がいいと思(おも)って。
美香(みか)	じゃあ、キャンディーブーケを作(つく)ってあげたらどうですか。ジュンスさんの手作(てづく)りなら、アリョさんすごく感動(かんどう)すると思(おも)いますよ。
ジュンス	キャンディーブーケ! いいアイデアですね。ありがとう。
美香(みか)	せっかくだから私(わたし)のも一(ひと)つ作(つく)ってくださいね。
ジュンス	ああ、ええ…。

낱말과 표현

- バレンタイン 밸런타인
- プレゼント 선물
- もらう 받다
- ホワイトデー 화이트데이
- あげる 주다
- 検索(けんさく)する 검색하다
- 選(えら)ぶ 고르다
- 心(こころ)のこもる 정성이 담기다
- じゃあ 그럼
- キャンディーブーケ 사탕부케
- 作(つく)る 만들다
- 手作(てづく)り 수제, 손수 만든 것
- ～なら ~(이)라면
- すごく 굉장히
- 感動(かんどう)する 감동하다
- アイデア 아이디어
- せっかくだから 이왕이면
- ええ 네

トクトク 톡톡 문법

01 수수 표현 ①

① 동식물, 아랫사람 に 명사 を やる ~에게 ~을/를 주다
친구(동격의 사람) に 명사 を あげる ~에게 ~을/를 주다
윗사람 に 명사 を さしあげる ~께 ~을/를 드리다

毎日(まいにち)ペットにえさをやります。

妹(いもうと)の誕生日(たんじょうび)にかわいいバッグをやりました。

友(とも)だちにコンサートのチケットをあげました。

彼氏(かれし)に手作(てづく)りバレンタインチョコをあげました。

中村(なかむら)さんのお母様(かあさま)にお花(はな)をさしあげました。

先生(せんせい)に国(くに)のお土産(みやげ)をさしあげようと思(おも)っています。

낱말과 표현

ペット 애완동물

えさ 먹이

手作(てづく)り 수제, 손수 만든 것

バレンタインチョコ
밸런타인 초콜릿

お母様(かあさま) 어머님

お花(はな) 꽃

国(くに) 고향

お土産(みやげ) 선물

Grammar

Track 05-02

② 친구(동격의 사람) が 명사 を くれる ~이/가 ~을/를 주다
윗사람 が 명사 を くださる ~께서 ~을/를 주시다

親友(しんゆう)が誕生日(たんじょうび)のプレゼントに香水(こうすい)をくれました。

両親(りょうしん)はクリスマスの日(ひ)に何(なに)もくれませんでした。

先生(せんせい)はいい資料(しりょう)をくださいました。

これは先生(せんせい)がくださった本(ほん)です。

낱말과 표현

- 親友(しんゆう) 친구
- 香水(こうすい) 향수
- 資料(しりょう) 자료

③ 친구(동격의 사람) に/から 명사 を もらう ~에게 ~을/를 받다
윗사람 に/から 명사 を いただく ~께 ~을/를 받다

恋人(こいびと)にすてきな指輪(ゆびわ)をもらいました。

両親(りょうしん)におこづかいをもらいました。

学長(がくちょう)から賞(しょう)をいただきました。

先生(せんせい)にすばらしいコメントをいただきました。

낱말과 표현

- 指輪(ゆびわ) 반지
- 学長(がくちょう) 학장
- 賞(しょう) 상
- すばらしい 굉장하다
- コメント 코멘트, 설명

톡톡 문법

02 수수 표현 ②

① ～てやる　　～해 주다
　～てあげる ～해 주다

弟(おとうと)に財布(さいふ)を買(か)ってやりました。

ペットを散歩(さんぽ)に連(つ)れていってやりました。

彼女(かのじょ)にカフェで歌(うた)を歌(うた)ってあげました。

いいアイテムをチェックしてあげました。

友(とも)だちに資料(しりょう)をメールで送(おく)ってあげました。

낱말과 표현

財布(さいふ) 지갑
ペット 애완동물
散歩(さんぽ) 산책
連(つ)れていく 데리고 가다
アイテム 아이템
チェックする
확인하다, 체크하다

② ～てくれる　　～해 주다
　～てくださる ～해 주시다

彼(かれ)はいつも私(わたし)のそばで見守(みまも)ってくれます。

彼(かれ)の歌(うた)は私(わたし)に力強(ちからづよ)いメッセージを伝(つた)えてくれました。

先生(せんせい)は落(お)ちこんでいる私(わたし)を励(はげ)ましてくださいました。

先生(せんせい)はご家族(かぞく)の写真(しゃしん)を見(み)せてくださいました。

낱말과 표현

見守(みまも)る 지켜보다
力強(ちからづよ)い 마음 든든하다
メッセージ 메시지
伝(つた)える 전하다
落(お)ちこむ
(좋지 못한 상태에) 빠지다
励(はげ)ます 격려하다
ご家族(かぞく) 가족분
写真(しゃしん) 사진

Grammar

Track 05-02

③ ～てもらう　　～해 주다

　～ていただく　～해 주시다

日本では中村さんにいろいろと助けてもらいました。

品物を宅配で送ってもらいました。

先生に作文を直していただきました。

いい論文を書くために先生に手伝っていただきました。

낱말과 표현

いろいろと 여러 가지로

助ける 돕다, 구하다

品物 물건

宅配 배달, 택배

作文 작문

直す 고치다

論文 논문

手伝う 도와주다

トクトク

톡톡 문법

03 ~なら ~한다면, ~(이)라면

① 동사 기본형 + なら

京都(きょうと)へ行(い)くならすてきな店(みせ)を紹介(しょうかい)します。

韓国(かんこく)のお土産(みやげ)を買(か)うならのりがいいです。

낱말과 표현

紹介(しょうかい) 소개

お土産(みやげ) 선물

のり 김

② い형용사 기본형 + なら

高(たか)いなら買(か)ってこなくてもいいです。

内容(ないよう)が面白(おもしろ)くないなら読(よ)まない方(ほう)がいいです。

낱말과 표현

内容(ないよう) 내용

Track 05-02

③ な형용사 어간＋なら

使(つか)い方(かた)が不便(ふべん)なら使(つか)わない方(ほう)がいいです。

結果(けっか)が不安(ふあん)なら先(さき)に確認(かくにん)してみてください。

낱말과 표현

使(つか)い方(かた) 사용법
不便(ふべん)だ 불편하다
使(つか)う 사용하다
結果(けっか) 결과
不安(ふあん)だ 불안하다
先(さき)に 먼저
確認(かくにん)する 확인하다

④ 명사＋なら

東京(とうきょう)のホテルならここを勧(すす)めたいです。

ロマンチックなデートコースならここがいいですよ。

낱말과 표현

ホテル 호텔
勧(すす)める 추천하다
ロマンチック 로맨틱
デートコース 데이트 코스

톡톡 패턴

A

Track 05-03

보기

私(わたし)は友(とも)だちに本(ほん)をあげました。

友(とも)だち・本(ほん)・あげる

1 猫(ねこ)・えさ・やる

2 彼氏(かれし)・ネクタイ・あげる

3 先生(せんせい)・お花(はな)・さしあげる

4 部長(ぶちょう)・ワイン・さしあげる

낱말과 표현

猫(ねこ) 고양이	ネクタイ 넥타이	部長(ぶちょう) 부장
えさ 먹이	お花(はな) 꽃	ワイン 와인

Pattern practice

B

Track 05-04

보기

私(わたし)は先生(せんせい)に招待券(しょうたいけん)をさしあげました。　　私(わたし)・先生(せんせい)・招待券(しょうたいけん)・さしあげる

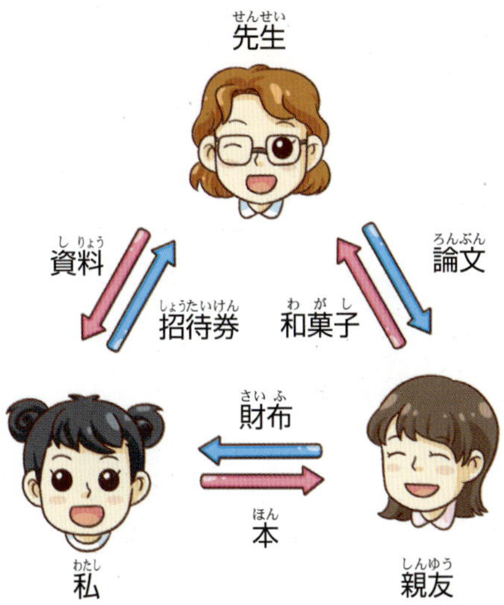

1 私(わたし)・先生(せんせい)・資料(しりょう)・いただく

2 私(わたし)・親友(しんゆう)・本(ほん)・あげる

3 親友(しんゆう)・私(わたし)・財布(さいふ)・くれる

4 先生(せんせい)・親友(しんゆう)・論文(ろんぶん)・くださる

5 親友(しんゆう)・先生(せんせい)・和菓子(わがし)・さしあげる

6 親友(しんゆう)・私(わたし)・本(ほん)・もらう

낱말과 표현

招待券(しょうたいけん) 초대권	**親友**(しんゆう) 친구	**和菓子**(わがし) 일본식 과자
資料(しりょう) 자료	**論文**(ろんぶん) 논문	

톡톡 패턴

Track 05-05

C

보기 私は姉に本を買ってもらいました。　私・姉・本を買う

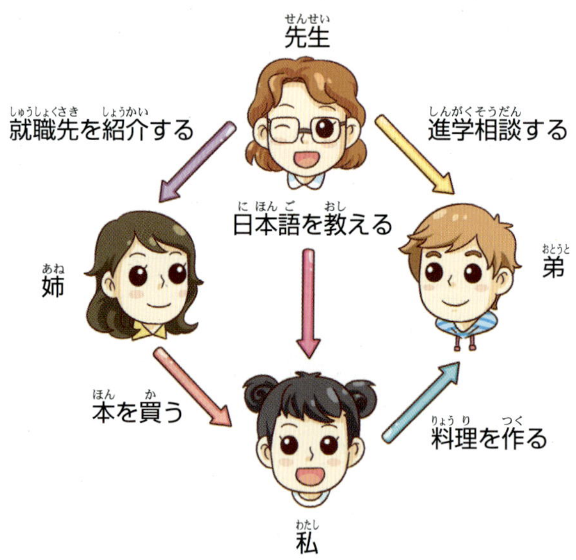

1. 私・先生・日本語を教えていただく
2. 先生・姉・就職先を紹介してくださる
3. 姉・私・本を買ってくれる
4. 私・弟・料理を作ってやる
5. 弟・先生・進学相談していただく
6. 先生・弟・進学相談してくださる

낱말과 표현

就職先 취직처
紹介する 소개하다
料理を作ってやる 요리를 만들어 주다
進学相談する 진학상담하다

Pattern practice

Track 05-06

D

보기

彼女・誕生日プレゼント・アクセサリー

A：彼女に誕生日プレゼントをしたいんですが。

B：誕生日プレゼントならアクセサリーはどうですか。

1 両親・結婚記念日のプレゼント・花束

2 恋人・クリスマスプレゼント・マフラー

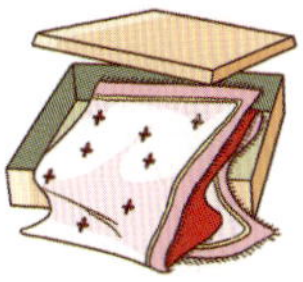

3 先輩・卒業祝いのプレゼント・靴

4 同僚・引っ越し祝いのプレゼント・掃除機

낱말과 표현

アクセサリー 액세서리	**恋人** 애인	**祝い** 축하
両親 양친, 부모님	**クリスマス** 크리스마스	**同僚** 동료
結婚記念日 결혼기념일	**マフラー** 머플러	**引っ越し** 이사
花束 꽃다발	**卒業** 졸업	**掃除機** 청소기

톡톡 체크 Check

어휘·문법

①~④ 중에서 가장 알맞은 것을 골라 O표 하세요.

1 A : 自分でパソコンを直しましたか。

B : いいえ、友だちが＿＿＿★＿＿＿。

① 直してもらったんです　② 直してくれたんです

③ 直してあげたんです　④ 直してくださったんです

2 母は私にキムチのレシピを＿＿＿★＿＿＿。

① 教えてくださった　② 教えてくれた

③ 教えてあげた　④ 教えていただいた

3 これは先生が私に＿＿＿★＿＿＿本です。

① いただいた　② さしあげた　③ くださった　④ もらった

청취

Track 05-07

잘 듣고 ①~③ 중에서 질문의 답으로 가장 알맞은 것을 골라 O표 하세요.

1 家で母に料理を教えてもらっています。

①　②　③

2 娘に車で駅まで送ってもらっています。

①　②　③

3 池田先生に本をいただきました。

①　②　③

톡톡 펜맨십

Kanji & Katakana

한자

けんさく 検索 검색	けんさく 検索	けんさく 検索		
かんどう 感動 감동	かんどう 感動	かんどう 感動		
りょうしん 両親 부모님	りょうしん 両親	りょうしん 両親		
しりょう 資料 자료	しりょう 資料	しりょう 資料		
かぞく 家族 가족	かぞく 家族	かぞく 家族		
さくぶん 作文 작문	さくぶん 作文	さくぶん 作文		
かくにん 確認 확인	かくにん 確認	かくにん 確認		

가타카나

アイデア 아이디어	アイデア	
アイテム 아이템	アイテム	

특별한 날 선물, 무엇을 사주고 싶어요? 받고 싶어요?

Track 05-08

보기

그림을 보면서 다음과 같이 이야기해 보세요.

A : 誕生日(たんじょうび)に恋人(こいびと)に何(なに)を買(か)ってあげ(もらい)たいですか。

B : ハンドバッグを買(か)ってあげ(もらい)たいです。

 誕生日(たんじょうび) 생일	 クリスマス 크리스마스	 バレンタインデー 밸런타인데이
 ホワイトデー 화이트데이	 プロポーズの日(ひ) 프로포즈의 날	 結婚記念日(けっこんきねんび) 결혼기념일

톡톡 어휘

指輪(ゆびわ)
반지

腕時計(うでどけい)
손목시계

香水(こうすい)
향수

ネクタイ
넥타이

テディベア
테디 베어

財布(さいふ)
지갑

コンサートチケット
콘서트 티켓

ペアリング
커플링

ペット
애완동물

unit 06

雨(あめ)が降(ふ)りそうですから。

비가 내릴 것 같으니까요.

학습목표 추측과 양태 전문 표현 익히기

トクトク 톡톡 회화

Dialogue

Track 06-01

美香(みか)	なんだかとても気分(きぶん)がよさそうだけど、何(なに)かあったの？
アリョ	ジュンス先輩(せんぱい)がすごくきれいなキャンディーブーケをくれたんです。
美香(みか)	手作(てづく)りの？
アリョ	はい。私(わたし)のために徹夜(てつや)して作(つく)ってくれたそうです。 私(わたし)とても感動(かんどう)しちゃいました。 美香(みか)さんはホワイトデーに何(なに)かもらいましたか。
美香(みか)	ストレスになるからそんなこと聞(き)かないで。 それよりこの前(まえ)新(あたら)しくできたラーメン屋(や)、知(し)ってる？ おいしいそうだから一緒(いっしょ)に食(た)べに行(い)こうか。
アリョ	雨(あめ)が降(ふ)りそうですから、あったかいラーメンいいですね。

낱말과 표현

- **なんだか** 어쩐지
- **気分(きぶん)** 기분
- **よさそうだ** 좋아 보이다
- **すごく** 굉장히, 아주
- **徹夜(てつや)する** 밤새다
- **作(つく)る** 만들다
- **感動(かんどう)する** 감동하다
- **～ちゃう**(「～てしまう」의 축약형) ~해 버리다
- **ストレス** 스트레스
- **聞(き)く** 듣다, 묻다
- **それより** 그보다
- **この前(まえ)** 요전에
- **新(あたら)しく** 새롭게
- **できる** 생기다, 만들어지다
- **ラーメン屋(や)** 라면집
- **おいしいそうだ** 맛있다고 한다
- **雨(あめ)が降(ふ)る** 비가 내리다
- **あったかい** 따뜻하다(「あたたかい」의 변한 말)

トクトク 톡톡 문법

01 ～そうだ ～라고 한다(전문)

① 동사 る / ている / た＋そうだ

彼女は来年日本に帰るそうです。

この店ではこれが一番売れているそうです。

ニュースによると高速道路で事故があったそうです。

낱말과 표현

- 来年 내년
- 帰る 돌아가다
- 一番 제일, 가장
- 売れる 팔리다
- ニュース 뉴스
- ～によると ~에 의하면
- 高速道路 고속도로
- 事故 사고

② い형용사 い / かった＋そうだ

うわさによるとあの店は安くておいしいそうです。

デートは楽しくなかったそうです。

낱말과 표현

- うわさ 소문
- 得意だ 자신이 있음
- 話 이야기
- パーティー 파티
- 賑やかだ 번화하다

③ な형용사だ / だった＋そうだ

日本語が得意だそうです。

鈴木さんの話によるとパーティーはとても賑やかだったそうです。

Track 06-02

④ 명사 だ / だった＋そうだ

最近(さいきん)の世界的(せかいてき)なトレンドは美容(びよう)だそうです。

彼(かれ)は有名(ゆうめい)なデザイナーだったそうです。

낱말과 표현

最近(さいきん) 최근, 요즘

世界的(せかいてき) 세계적

トレンド 트렌드

美容(びよう) 미용

デザイナー 디자이너

02 ～そうだ ～처럼 보인다, ～인 것 같다

① 동사 ます형＋そうだ

今(いま)にも雨(あめ)が降(ふ)りそうです。

ワイシャツのボタンが取(と)れそうです。

② い형용사 어간＋そうだ

料理(りょうり)がとてもおいしそうです。

＊周(まわ)りの環境(かんきょう)がよさそうです。

낱말과 표현

今(いま)にも 당장에라도, 금방

ワイシャツ 와이셔츠

ボタンが取(と)れる 단추가 떨어지다

周(まわ)り 주위

環境(かんきょう) 환경

トク 톡톡 문법 Grammar

Track 06-02

③ な형용사 어간 + そうだ

あのカップルは幸(しあわ)せそうです。

仕事(しごと)が大変(たいへん)そうです。

낱말과 표현

- 印象(いんしょう) 인상
- 問題(もんだい) 문제
- 笑(わら)う 웃다

④ ～そうな + 명사

真面目(まじめ)そうな印象(いんしょう)の学生(がくせい)です。

難(むずか)しそうな問題(もんだい)ですね。

⑤ ～そうに + 동사

子供(こども)たちが楽(たの)しそうに遊(あそ)んでいます。

嬉(うれ)しそうに笑(わら)っています。

톡톡 패턴 Pattern practice

A 보기와 같이 연습해 봅시다.

Track 06-03

보기

新聞(しんぶん), 不景気(ふけいき)が続(つづ)く

新聞(しんぶん)によると不景気(ふけいき)が続(つづ)くそうです。

1 天気予報(てんきよほう), 明日(あした)から寒(さむ)くなる

2 先生(せんせい)の話(はなし), 試験(しけん)は難(むずか)しくない

3 親友(しんゆう)の話(はなし), パーティーは楽(たの)しかった

4 関係者(かんけいしゃ)の話(はなし), プレゼンは成功的(せいこうてき)に終(お)わった

낱말과 표현

新聞(しんぶん) 신문
～によると ~에 의하면
不景気(ふけいき) 불경기
続(つづ)く 계속되다
天気予報(てんきよほう) 일기 예보
試験(しけん) 시험
パーティー 파티
関係者(かんけいしゃ) 관계자
プレゼン 프레젠테이션
成功的(せいこうてき)だ 성공적이다

톡톡 패턴

Track 06-04

B

보기

雪(ゆき)が降(ふ)る

雪(ゆき)が降(ふ)りそうです。

1 赤(あか)ちゃんが泣(な)き出(だ)す

2 授業(じゅぎょう)に遅(おく)れる

3 彼(かれ)は頭(あたま)がいい

4 彼女(かのじょ)は忙(いそが)しい

5 仕事(しごと)が大変(たいへん)だ

6 彼女(かのじょ)は幸(しあわ)せだ

낱말과 표현

赤(あか)ちゃん 아기
泣(な)き出(だ)す 울음을 터뜨리다
授業(じゅぎょう) 수업
遅(おく)れる 늦다
頭(あたま)がいい 머리가 좋다
忙(いそが)しい 바쁘다
大変(たいへん)だ 힘들다
幸(しあわ)せだ 행복하다

Pattern practice

Track 06-05

C

보기

おいしい, ケーキ

おいしい, 食(た)べる

おいしそうなケーキですね。

おいしそうに食(た)べますね。

1 難(むずか)しい, 本(ほん)

2 真面目(まじめ)だ, 学生(がくせい)

3 元気(げんき)だ, 子犬(こいぬ)

4 楽(たの)しい, 遊(あそ)んでいる

5 悲(かな)しい, 泣(な)いている

6 面白(おもしろ)い, 笑(わら)っている

낱말과 표현

難(むずか)しい 어렵다	子犬(こいぬ) 강아지	泣(な)く 울다
真面目(まじめ)だ 성실하다	楽(たの)しい 즐겁다	面白(おもしろ)い 재미있다
元気(げんき)だ 건강하다	悲(かな)しい 슬프다	笑(わら)う 웃다

톡톡 체크 Check

어휘·문법

①~④ 중에서 가장 알맞은 것을 골라 O표 하세요.

1 天気予報によると明日雨が ＿★＿ そうです。

① 降る　② 降り　③ 降って　④ 降った

2 友だちの話では先週の旅行はとても ＿★＿ そうです。

① 楽しい　② 楽し　③ 楽しかった　④ 楽しく

3 とても ＿★＿ そうなアイテムですね。

① 便利だ　② 便利　③ 便利で　④ 便利だった

청취

Track 06-06

잘 듣고 ①~④ 중에서 질문의 답으로 가장 알맞은 것을 골라 O표 하세요.

1 今日本で一番人気があるのは＿＿＿＿＿＿＿＿だ。

① 韓国の料理　② 韓国の歌手

③ 韓国のドラマ　④ 韓国の映画

2 天気予報によると＿＿＿＿＿＿＿＿。

① 今日は寒い　② 明日もっと寒くなる

③ 明日は暖かくなる　④ 明日は暖かい

3 新しくできたラーメン屋は＿＿＿＿＿＿＿＿。

① おいしいそうだ　② おいしくなさそうだ

③ おいしくないそうだ　④ よくわからないそうだ

톡톡 펜맨십

Kanji & Katakana

한자

きぶん 気分 기분	きぶん 気分	きぶん 気分		
びよう 美容 미용	びよう 美容	びよう 美容		
まわり 周り 주변	まわり 周り	まわり 周り		
かんきょう 環境 환경	かんきょう 環境	かんきょう 環境		
いんしょう 印象 인상	いんしょう 印象	いんしょう 印象		
もんだい 問題 문제	もんだい 問題	もんだい 問題		

가타카나

ラーメン 라면	ラーメン	
ニュース 뉴스	ニュース	
パーティー 파티	パーティー	

어떻게 보이나요?

Track 06-07

보기

그림을 보면서 다음과 같이 이야기해 보세요.

この人(ひと)はうれしそうです。

① 親切(しんせつ)だ 친절하다
② 不親切(ふしんせつ)だ 불친절하다
③ 忙(いそが)しい 바쁘다
④ 大変(たいへん)だ 힘들다
⑤ 楽(たの)しい 즐겁다
⑥ 幸(しあわ)せだ 행복하다
⑦ 暇(ひま)だ 한가하다
⑧ 寂(さび)しい 외롭다
⑨ おいしい 맛있다
⑩ まずい 맛없다
⑪ 高(たか)い 가격이 비싸다
⑫ 安(やす)い 가격이 싸다
⑬ 冷(つめ)たい 시원하다
⑭ 熱(あつ)い 뜨겁다

톡톡 어휘

unit 07

ドラマのような<ruby>話<rt>はなし</rt></ruby>ですね。

드라마 같은 이야기네요.

학습목표 추측 표현 익히기

톡톡 회화 Dialogue

Track 07-01

ジュンス	最近(さいきん)アリョ、元気(げんき)がないようなんですが。
美香(みか)	アリョさん、もうすぐ中国(ちゅうごく)に帰(かえ)るらしいですよ。 来月(らいげつ)で交換留学(こうかんりゅうがく)が終(お)わるそうです。
ジュンス	え、そうですか。やっと一人(ひとり)で車(くるま)に乗(の)れるようになって、 うれしそうだったのに。
美香(みか)	うわさによると、実(じつ)はアリョさん大金持(おおがねも)ちの一人娘(ひとりむすめ)で、 中国(ちゅうごく)の自宅(じたく)はお城(しろ)のような豪邸(ごうてい)らしいですよ。
ジュンス	まるでドラマのような話(はなし)ですね。
美香(みか)	こうなったら、アリョさんが中国(ちゅうごく)に帰(かえ)れないように ジュンスさんが告白(こくはく)するしかないですね。

낱말과 표현

- 最近(さいきん) 최근, 요즘
- 元気(げんき)がないようだ 기운이 없는 것 같다
- もうすぐ 곧, 금방
- 帰(かえ)るらしい 돌아간다고 한다
- 来月(らいげつ) 다음 달
- 交換留学(こうかんりゅうがく) 교환 유학
- 終(お)わるそうだ 끝난다고 한다
- やっと 겨우, 간신히
- 一人(ひとり)で 혼자서
- 乗(の)れる 탈 수 있다
- (가능형) ようになる ~하게 되다
- ~のに ~는데
- うわさによると 소문에 의하면
- 実(じつ)は 실은
- 大金持(おおがねも)ち 갑부집
- 一人娘(ひとりむすめ) 외동딸
- 自宅(じたく) 자택
- ~らしい ~인 것 같다
- お嬢様(じょうさま) 아가씨
- お城(しろ)のような豪邸(ごうてい) 대궐과 같은 호화 저택
- まるで 마치
- こうなったら 이렇게 되면
- ~ように ~도록
- 告白(こくはく)する 고백하다
- ~しかない ~수밖에 없다

トクトク 톡톡 문법

01 ～らしい ～인 것 같다

① 동사 る / ている / た + らしい

来月(らいげつ)新(あたら)しい社員(しゃいん)が来(く)るらしいです。

彼(かれ)は結婚(けっこん)しているらしいです。

山田(やまだ)さんは日本(にほん)に出張(しゅっちょう)に行(い)ったらしいです。

낱말과 표현

社員(しゃいん) 사원

出張(しゅっちょう) 출장

② い형용사 い / かった + らしい

外(そと)は風(かぜ)が強(つよ)いらしいです。

引(ひ)っ越(こ)しでとても忙(いそが)しかったらしいです。

낱말과 표현

外(そと) 밖

風(かぜ) 바람

引っ越し(ひっこし) 이사

Track 07-02

③ な형용사 어간 / だった + らしい

ジュウォンさんは中村(なかむら)さんが好(す)きらしいです。

学生時代(がくせいじだい)、かなり有名(ゆうめい)だったらしいです。

낱말과 표현

学生時代(がくせいじだい) 학생시절

かなり 꽤, 제법

④ 명사 – / だった + らしい

あれは彼(かれ)の車(くるま)らしいです。

彼女(かのじょ)は元(もと)アナウンサーだったらしいです。

낱말과 표현

元(もと) 원래

アナウンサー 아나운서

トクトク 톡톡 문법

02 ～ようだ ～같다

① 동사 る / ている / た + ようだ

ペアリングをはめています。

恋人(こいびと)がいるようです。

電気(でんき)がついています。

誰(だれ)か来(き)ているようです。

息子(むすこ)が入学試験(にゅうがくしけん)に落(お)ちたようです。

낱말과 표현

ペアリング 커플링

はめる 끼다, 끼우다

電気(でんき) 전기

つく 켜다

息子(むすこ) 아들

入学試験(にゅうがくしけん) 입학시험

落(お)ちる 떨어지다

② い형용사 い / かった + ようだ

今日(きょう)は昨日(きのう)より暖(あたた)かいようです。

成績(せいせき)が良(よ)かったようです。

낱말과 표현

暖(あたた)かい 따뜻하다

成績(せいせき) 성적

Track07-02

③ な형용사 な / だった + ようだ

彼(かれ)は日本語(にほんご)が得意(とくい)なようです。

いろいろと複雑(ふくざつ)だったようです。

④ 명사 の / だった + ようだ

車(くるま)が動(うご)きません。故障(こしょう)のようです。

厳(きび)しい先生(せんせい)だったようです。

낱말과 표현

- 得意(とくい)だ 특기처럼 아주 잘하다
- いろいろ 여러 가지
- 複雑(ふくざつ)だ 복잡하다
- 動(うご)く 움직이다
- 故障(こしょう) 고장
- 厳(きび)しい 엄하다, 엄격하다

03 ~ような ~같은 / ~ように ~처럼

夢(ゆめ)のような話(はなし)ですね。

童話(どうわ)のようなストーリーの映画(えいが)ですね。

まるで人形(にんぎょう)のようにかわいいです。

彼女(かのじょ)は休(やす)みの間(あいだ)うそのようにきれいになりました。

낱말과 표현

- 夢(ゆめ) 꿈
- 話(はなし) 이야기
- 童話(どうわ) 동화
- ストーリー 이야기
- まるで 마치
- 人形(にんぎょう) 인형
- 休(やす)みの間(あいだ) 쉬는 동안
- うそ 거짓말

톡톡 문법 Grammar

Track07-02

04 가능형 + ようになる ~할 수 있게 되다

難しい漢字も読めるようになりました。

日本語でレポートが書けるようになりました。

ギターが弾けるようになりました。

運転ができるようになりました。

낱말과 표현

- 漢字 한자
- 読む 읽다
- レポート 리포트
- ギター 기타
- 弾く 치다

05 동사 + ように ~하도록 / ~ないように ~하지 않도록

欠席の時は必ず連絡するように。

約束を忘れないように。

タバコは止めるようにしてください。

授業に遅れないようにしてください。

낱말과 표현

- 欠席 결석
- 時 때
- 必ず 반드시
- 連絡する 연락하다
- 約束 약속
- 忘れる 잊다
- タバコ 담배
- 止める 끊다, 그만두다
- 遅れる 늦다

톡톡 패턴 Pattern practice

A 보기와 같이 연습해 봅시다.

Track 07-03

보기

彼(かれ)は彼女(かのじょ)が好(す)きなようです。

彼(かれ)は彼女(かのじょ)が好(す)きだ

1 私(わたし)の秘密(ひみつ)を知(し)っている

2 あの二人(ふたり)は別(わか)れた

3 あの夫婦(ふうふ)は仲(なか)が悪(わる)い

4 この頃(ごろ)忙(いそが)しい

5 仕事(しごと)が大変(たいへん)だ

6 あの指輪(ゆびわ)はペアリングだ

낱말과 표현

秘密(ひみつ) 비밀	別(わか)れる 헤어지다	仕事(しごと) 일
知(し)る 알다	この頃(ごろ) 요즘, 최근	指輪(ゆびわ) 반지

톡톡 패턴

B

Track 07-04

보기

夢(ゆめ)・話(はなし)

まるで夢(ゆめ)のような話(はなし)ですね。

1 お城(しろ)・家(いえ)

2 人形(にんぎょう)・赤(あか)ちゃん

3 雪(ゆき)・肌(はだ)

4 モデル・人(ひと)

5 おもちゃ・カメラ

6 天使(てんし)・先生(せんせい)

낱말과 표현

お城(しろ) 대궐	雪(ゆき) 눈	おもちゃ 장난감
人形(にんぎょう) 인형	肌(はだ) 피부	天使(てんし) 천사
赤(あか)ちゃん 아기	モデル 모델	

Track 07-05

C

보기

あのレストラン・おいしくない

あのレストランはおいしくないらしいですよ。

1 先輩(せんぱい)・恋人(こいびと)を待(ま)っている

2 橋本(はしもと)さん・試験(しけん)に合格(ごうかく)した

3 あの映画(えいが)・面白(おもしろ)くない

4 あのビル・芸能人(げいのうじん)Kさんの建物(たてもの)だ

낱말과 표현

先輩(せんぱい) 선배	待(ま)つ 기다리다	芸能人(げいのうじん) 연예인
恋人(こいびと) 애인	合格(ごうかく)する 합격하다	建物(たてもの) 건물

톡톡 체크 Check

어휘·문법

①~④ 중에서 가장 알맞은 것을 골라 O표 하세요.

1 日本語で電話が＿＿★＿＿ようになりました。

① かける　② かけた　③ かけられる　④ かけられた

2 赤ちゃんの＿＿★＿＿かわいいです。

① ような　② ように　③ ないような　④ ないように

3 日本で有名な＿＿★＿＿らしいです。

① 歌手　② 歌手の　③ 歌手な　④ 歌手だ

청취

Track 07-06

잘 듣고 ①~③ 중에서 질문의 답으로 가장 알맞은 것을 골라 O표 하세요.

1 外がうるさいですね。

①　②　③

2 この頃先輩は遊びに来ないですね。

①　②　③

3 彼女、日本語がとても上手ですね。

①　②　③

톡톡 펜맨십

Kanji & Katakana

한자

こくはく 告白 고백	こくはく 告白	こくはく 告白		
しゃいん 社員 사원	しゃいん 社員	しゃいん 社員		
しゅっちょう 出張 출장	しゅっちょう 出張	しゅっちょう 出張		
でんき 電気 전기, 불	でんき 電気	でんき 電気		
ふくざつ 複雑 복잡	ふくざつ 複雑	ふくざつ 複雑		
どうわ 童話 동화	どうわ 童話	どうわ 童話		
にんぎょう 人形 인형	にんぎょう 人形	にんぎょう 人形		

가타카나

ペアリング 커플링	ペアリング	
ストーリー 이야기	ストーリー	

어떤 것 같은지?

Track 07-07

보기

그림을 보면서 여러분의 직감을 말해 보세요.

この人(ひと)たちは恋人(こいびと)のようです。

① 犯人(はんにん) 범인

② 警察(けいさつ) 경찰

③ 夫婦(ふうふ) 부부

④ 迷子(まいご) 미아

⑤ ジェットコースターは怖(こわ)い 롤러코스터는 무섭다

⑥ アトラクションは危険(きけん)だ 어트랙션은 위험하다

⑦ お腹(なか)が痛(いた)い 배가 아프다

⑧ とても暑(あつ)い 매우 덥다

⑨ キャラクターと写真(しゃしん)を撮(と)る 캐릭터와 사진을 찍다

⑩ 勇気(ゆうき)がある 용기가 있다

⑪ 恋人(こいびと)とケンカした 애인과 싸웠다

⑫ 道(みち)に迷(まよ)った 길을 잃었다

かさテ あクン 톡톡 어휘

unit 08

まさか誰(だれ)かに会(あ)ったんですか。

설마 누군가를 만난 겁니까?

학습목표 수동 표현 익히기

톡톡 회화

Dialogue

Track 08-01

美香(みか)	ああ、もう最悪(さいあく)…。
アリョ	どうしたんですか。
美香(みか)	夜中(よなか)に間違(まちが)い電話(でんわ)に起(お)こされて、全然(ぜんぜん)眠(ねむ)れなくて。結局(けっきょく)お昼(ひる)まで寝(ね)て、顔(かお)も洗(あら)わないでコンビニに行(い)ったの。
アリョ	ええ～！すっぴんで出(で)かけたんですか。
美香(みか)	うん。誰(だれ)にも見(み)られたくないボサボサした髪(かみ)で。誰(だれ)にも出会(であ)わないと思(おも)ったんだけど。
アリョ	まさか誰(だれ)かに会(あ)ったんですか。
美香(みか)	そう。ジュウォンさん。みじめな姿(すがた)をジュウォンさんに見(み)られてしまって…。
アリョ	本当(ほんとう)に最悪(さいあく)な日(ひ)ですね。

낱말과 표현

- もう 더 이상
- 最悪(さいあく) 최악
- 夜中(よなか) 밤중
- 間違(まちが)い電話(でんわ) 잘못 온 전화
- ～に起(お)こされる ~에 깨다
- 全然(ぜんぜん) 전혀
- 眠(ねむ)る 자다
- 結局(けっきょく) 결국
- お昼(ひる) 점심
- 寝(ね)る 자다
- 顔(かお) 얼굴
- 洗(あら)う 씻다
- コンビニ 편의점
- すっぴん 민낯
- 出(で)かける 나가다
- 誰(だれ)にも 누구에게도
- 見(み)られる 보이다
- ボサボサ 푸석푸석, 부스스
- 髪(かみ) 머리카락
- まさか 설마
- 会(あ)う 만나다
- そう 그래
- みじめだ 비참하다, 참담하다
- 姿(すがた) 모습
- 本当(ほんとう)に 정말로
- 日(ひ) 날

톡톡 문법

01 수동형 ~れる, られる, こられる, される

① 1그룹 동사의 수동형

う단 ⇒ あ단 + れる	
기본형	수동형
使(つか)う　사용하다	使(つか)われる
行(い)く　가다	行(い)かれる
壊(こわ)す　깨뜨리다	壊(こわ)される
立(た)つ　일어서다	立(た)たれる
死(し)ぬ　죽다	死(し)なれる
呼(よ)ぶ　부르다	呼(よ)ばれる
飲(の)む　마시다	飲(の)まれる
取(と)る　집다, 들다	取(と)られる

② 2그룹 동사의 수동형

る ⇒ られる	
기본형	수동형
見(み)る　보다	見(み)られる
建(た)てる　세우다	建(た)てられる
褒(ほ)める　칭찬하다	褒(ほ)められる

③ 3그룹 동사의 수동형

기본형	수동형
来(く)る　오다	来(こ)られる
する　하다	される

Track08-02

02 일반 수동

① (사물, 사건이) ~어지다

この町(まち)は韓国(かんこく)の中(なか)の外国(がいこく)と言(い)われています。

これはエコ素材(そざい)で作(つく)られた製品(せいひん)です。

このタウンにはモダンで洗練(せんれん)されたカフェやバーが運営(うんえい)されています。

② (사람이) ~받다, ~히다, ~리다, 당하다

先生(せんせい)に名前(なまえ)を呼(よ)ばれました。

信(しん)じていた親友(しんゆう)に裏切(うらぎ)られました。

彼氏(かれし)に高校(こうこう)の時(とき)の写真(しゃしん)を見(み)られました。

両親(りょうしん)に結婚(けっこん)を反対(はんたい)されました。

낱말과 표현

町(まち) 마을
~の中(なか)の ~의 중에서
外国(がいこく) 외국
エコ素材(そざい) 환경 소재
製品(せいひん) 제품
タウン 타운
モダン 모던, 현대적
洗練(せんれん) 세련
カフェ 카페
バー 바
運営(うんえい) 운영

낱말과 표현

名前(なまえ) 이름
呼(よ)ぶ 부르다
信(しん)じる 믿다
親友(しんゆう) 친구
裏切(うらぎ)る 배신하다
高校(こうこう)の時(とき) 고등학생 시절
反対(はんたい)する 반대하다

톡톡 문법 Grammar

Track08-02

03 피해 수동

間違い電話に起こされて、ぐっすり眠れませんでした。

一晩中赤ちゃんに泣かれて、とても疲れています。

雨に降られて風邪を引いてしまいました。

急に友だちに来られて、試験勉強ができませんでした。

낱말과 표현

間違い電話 잘못 온 전화

起こす 깨우다

ぐっすり 깊은 잠을 자는 모양. 푹

眠れる 잠들다

一晩中 하룻밤, 밤새

赤ちゃん 아기

泣く 울다

雨 비

降る 내리다

風邪を引く 감기에 걸리다

急に 급하게, 갑자기

톡톡 패턴 Pattern practice

A 보기와 같이 연습해 봅시다.　Track08-03

보기

このビルは20年前に・建てた

このビルは20年前に建てられました。

1 明日から展示会が・開く

2 この新聞は日本で一番多く・読んでいる

3 サイコロが・投げた

4 この製品はハンドメイドで・製作する

낱말과 표현

ビル 빌딩	開く 열리다	投げる 던지다
建てる 세우다	一番 제일	製品 제품
明日 내일	多く 많이	ハンドメイド 핸드메이드
展示会 전시회	サイコロ 주사위	製作する 제작하다

톡톡 패턴

Track 08-04

B

보기

A：どうしたんですか。

B：犬に手をかまれたんです。

犬, 手をかむ

1 父, 叱る

2 母, 小言を言う

3 友だち, いじめる

4 すり, 財布をする

5 隣の人, 足を踏む

6 上司, 怒る

낱말과 표현

手をかむ 손을 물다
叱る 혼나다
小言を言う 잔소리를 하다
いじめる 괴롭히다, 따돌리다
すり 소매치기
財布をする 지갑을 훔치다
隣の人 옆 사람
足を踏む 발을 밟다
上司 상사
怒る 화내다, 꾸짖다

Pattern practice

Track 08-05

C

보기

恋人・誤解する・困っている

A：どうしたんですか。

B：恋人に誤解されて困っています。

1 みんなの前で友だちに笑う・恥ずかしかった

2 上司・同僚と比較する・気分が悪い

3 彼女・泣く・困っている

4 ペット・死ぬ・悲しんでいる

낱말과 표현

恋人 애인	みんなの前 모두의 앞	同僚 동료
誤解する 오해하다	笑う 웃다	比較する 비교하다
困っている 곤란해하다	恥ずかしい 창피하다	気分が悪い 기분이 나쁘다

톡톡 체크 Check

어휘·문법

①~④ 중에서 가장 알맞은 것을 골라 O표 하세요.

1 田中(たなか)さんは医者(いしゃ)にお酒(さけ)とタバコはやめた方(ほう)がいいと＿＿★＿＿。

① 言(い)いました　② 言(い)われました　③ 言(い)わせられました　④ 言(い)わせました

2 兄(あに)と弟(おとうと)はいつも周(まわ)りの人(ひと)に＿＿★＿＿。

① 比較(ひかく)します　② 比較(ひかく)させます　③ 比較(ひかく)されます　④ 比較(ひかく)させられます

3 雨(あめ)に＿＿★＿＿風邪(かぜ)を引(ひ)いてしまいました。

① 降(ふ)って　② 降(ふ)り　③ 降(ふ)られて　④ 降(ふ)った

청취

Track 08-06

잘 듣고 ①~④ 중에서 질문의 답으로 가장 알맞은 것을 골라 O표 하세요.

1 どんな店(みせ)ですか。

① 有名(ゆうめい)なタレントによって作(つく)られました。
② 有名(ゆうめい)なデザイナーによって作(つく)られました。
③ 有名(ゆうめい)なタレントに知(し)られています。
④ 有名(ゆうめい)なデザイナーに知(し)られています。

2 医者(いしゃ)に言(い)われなかったのは何(なん)ですか。

① タバコ　② お酒(さけ)　③ 運動(うんどう)　④ ダイエット

3 旅行(りょこう)でどんなことがありましたか。

① すりに財布(さいふ)をすられました。
② すりに腕時計(うでどけい)をすられました。
③ 地下鉄(ちかてつ)で腕時計(うでどけい)をすられました。
④ 地下鉄(ちかてつ)で財布(さいふ)をなくしました。

톡톡 펜맨십

Kanji & Katakana

한자

さいあく 最悪 최악	さいあく 最悪	さいあく 最悪		
はんたい 反対 반대	はんたい 反対	はんたい 反対		
まち 町 마을	まち 町	まち 町		
がいこく 外国 외국	がいこく 外国	がいこく 外国		
な まえ 名前 이름	な まえ 名前	な まえ 名前		
しゃしん 写真 사진	しゃしん 写真	しゃしん 写真		
けっこん 結婚 결혼	けっこん 結婚	けっこん 結婚		

가타카나

エコ 환경, 자연	エコ	
モダン 모던, 현대적	モダン	

이런 일을 당한 적이 있나요?

Track 08-07

보기

친구에게 설명할 변명을 수동형을 써서 이야기해 봅시다.

A：どうして１時間(じかん)も遅(おく)れたの？

B：あの、すりに財布(さいふ)をすられて。本当(ほんとう)にごめん。

突然先輩(とつぜんせんぱい)に来(こ)られる
갑자기 선배가 찾아오다

先生(せんせい)に呼(よ)び出(だ)される
선생님께서 호출하시다

猛犬(もうけん)にかまれる
개에게 물리다

激(はげ)しい雨(あめ)に降(ふ)られる
폭우를 맞다

どろぼうに入(はい)られる
도둑이 들어오다

不良(ふりょう)に自転車(じてんしゃ)を壊(こわ)される
깡패가 자전거를 망가뜨리다

톡톡 어휘

彼氏(彼女)に泣かれる
애인이 울다

飼い猫に逃げられる
기르고 있는 고양이가 도망가다

街角で芸能スカウトされる
길거리 캐스팅을 당하다

道端でナンパされる
길가에서 헌팅 당하다

ストーカーに追いかけられる
스토커가 쫓아오다

父にずっと叱られる
아버지께 계속 야단맞다

母に買い物を頼まれる
어머니가 장보기를 부탁하다

弟に携帯を取られる
남동생이 휴대전화를 가지고 가다

親友に告白される
친구가 고백하다

unit 09

雑務(ざつむ)ばかりさせられています。

잡무만 하고 있습니다.

학습목표 사역과 사역의 수동 표현 익히기

톡톡 회화 Dialogue

Track 09-01

美香(みか)	最近(さいきん)、インターンの仕事(しごと)はどうですか。
ジュンス	インターンとして就職(しゅうしょく)できたのは良(よ)かったんですけど、あまりにも仕事(しごと)が大変(たいへん)で…。
美香(みか)	上司(じょうし)が難(むずか)しい仕事(しごと)をさせるんですね。
ジュンス	いや、むしろ難(むずか)しい仕事(しごと)ならいいんですが、毎日雑務(まいにちざつむ)ばかりさせられるんです。
美香(みか)	雑務(ざつむ)？
ジュンス	データ入力(にゅうりょく)や電話応対(でんわおうたい)はもちろんコーヒーまで買(か)ってこさせられるんですよ。
美香(みか)	インターンだから、仕方(しかた)ないですよ。私(わたし)は今(いま)も雑務(ざつむ)ばかりさせられています。

낱말과 표현

最近(さいきん) 요즘, 최근
インターン 인턴
仕事(しごと) 일
~として ~(으)로서
就職(しゅうしょく)する 취직하다
~けど ~(이)지만
あまりにも 너무나도
大変(たいへん)だ 힘들다
上司(じょうし) 상사
させる 시키다
いや 아니
むしろ 오히려, 차라리
~ならいい ~(이)라면 좋다
毎日(まいにち) 매일
雑務(ざつむ) 잡무
~ばかり ~만
させられる (시켜서) 어쩔 수 없이 하다
データ入力(にゅうりょく) 데이터 입력
~や ~(이)랑
電話応対(でんわおうたい) 전화 응답
~はもちろん ~은 물론
コーヒー 커피
買(か)ってこさせられる 사오게 하다
~だから ~이기 때문에
仕方(しかた)ない 어쩔 수 없다

톡톡 문법

01 사역형 ~せる, させる ~시키다

① 1그룹 동사의 사역형

う단 ⇒ あ단 + せる	
기본형	사역형
使(つか)う 사용하다	使(つか)わせる
行(い)く 가다	行(い)かせる
壊(こわ)す 깨뜨리다	壊(こわ)させる
立(た)つ 일어서다	立(た)たせる
死(し)ぬ 죽다	死(し)なせる
呼(よ)ぶ 부르다	呼(よ)ばせる
飲(の)む 마시다	飲(の)ませる
取(と)る 집다, 들다	取(と)らせる

② 2그룹 동사의 사역형

る ⇒ させる	
기본형	사역형
見(み)る 보다	見(み)させる
建(た)てる 세우다	建(た)てさせる
褒(ほ)める 칭찬하다	褒(ほ)めさせる

③ 3그룹 동사의 사역형

기본형	사역형
来(く)る 오다	来(こ)させる
する 하다	させる

Grammar

Track 09-02

先生（せんせい）は学生（がくせい）に漢字（かんじ）を書（か）かせます。

無理（むり）やりお酒（さけ）を飲（の）ませるのは止（や）めてください。

上司（じょうし）は部下（ぶか）にコーヒーを入（い）れさせました。

新入生（しんにゅうせい）に自己紹介（じこしょうかい）させました。

낱말과 표현

無理（むり）やり 무리하게

お酒（さけ） 술

上司（じょうし） 상사

部下（ぶか） 부하

自己紹介（じこしょうかい）する
자기소개하다

톡톡 문법

02 사역 수동

① 1그룹 동사의 사역 수동형

う단 ⇒ あ단 + せられる	
기본형	사역 수동형
行(い)く　가다	行(い)かせられる
立(た)つ　서다	立(た)たせられる
飲(の)む　마시다	飲(の)ませられる

② 2그룹 동사의 사역 수동형

る ⇒ させられる	
기본형	사역 수동형
見(み)る　보다	見(み)させられる

③ 3그룹 동사의 사역 수동형

기본형	사역 수동형
来(く)る　오다 する　하다	来(こ)させられる させられる

Grammar

Track09-02

店員(てんいん)に高(たか)い商品(しょうひん)を買(か)わせられました。

友(とも)だちに2時間(じかん)も待(ま)たせられました。

部長(ぶちょう)に電話(でんわ)をかけさせられました。

上司(じょうし)に資料(しりょう)を検索(けんさく)させられました。

낱말과 표현

店員(てんいん) 점원
商品(しょうひん) 상품
待つ(ま) 기다리다
部長(ぶちょう) 부장
電話をかける(でんわ) 전화를 걸다
資料(しりょう) 자료
検索する(けんさく) 검색하다

톡톡 문법 Grammar

Track09-02

03 ばかり ~만

① 명사 + ばかり

お酒(さけ)ばかり飲(の)んでいます。

ドラマばかり見(み)ています。

インターネットゲームばかりしています。

② 동사 て형 + ばかり + いる

友(とも)だちと遊(あそ)んでばかりいます。

彼女(かのじょ)はいつも怒(おこ)ってばかりいます。

낱말과 표현

ドラマ 드라마

遊(あそ)ぶ 놀다

怒(おこ)る 화내다

톡톡 패턴 Pattern practice

Track 09-03

A 보기와 같이 연습해 봅시다.

보기

先生, 学生, 教科書を読む

先生は学生に教科書を読ませます。

1 お母さん, 子供, 薬を飲む

2 医者, 患者, お酒を止める

3 先生, 学生, 質問に答える

4 上司, 部下, 顧客に電話する

낱말과 표현

医者 의사　　患者 환자　　顧客 고객

トク 톡톡 패턴

Track 09-04

B

보기

医者は田中さんにタバコを止めさせる

田中さんは医者にタバコを止めさせられました。

1 お母さんは子供に部屋の掃除をさせる

2 彼女は彼氏にハンドバッグを持たせる

3 上司は部下に残業させる

4 先輩は後輩にお酒を飲ませる

낱말과 표현

掃除 청소　　残業する 잔업하다

Pattern practice

Track 09-05

C

보기

いつもテレビを見る

いつもテレビばかり見ています。

1 ブランド商品を買う

2 音楽を聞く

3 映画を見る

4 運動をする

5 インターネットでチャットをする

6 メールをチェックする

낱말과 표현

ブランド商品	브랜드 상품	チャット	채팅
音楽	음악	チェックする	체크하다

トクトク 톡톡 체크 Check

어휘·문법

①~④ 중에서 가장 알맞은 것을 골라 O표 하세요.

1 子供(こども)にお酒(さけ)を＿＿★＿＿のは良(よ)くないです。

① 飲(の)む　② 飲(の)まれる　③ 飲(の)ませる　④ 飲(の)ませられる

2 社長(しゃちょう)に運転(うんてん)を＿＿★＿＿、大変(たいへん)でした。

① して　② させて　③ させられて　④ されて

3 遊(あそ)んで＿＿★＿＿で成績(せいせき)が良(よ)くないです。

① も　② ばかり　③ じゃ　④ まで

청취

Track 09-06

잘 듣고 ①~④ 중에서 질문의 답으로 가장 알맞은 것을 골라 O표 하세요.

1 今井(いまい)さんが毎日(まいにち)子供(こども)にさせていることは何(なん)ですか。

① 洗濯(せんたく)　② 買(か)い物(もの)　③ 掃除(そうじ)　④ コップ洗(あら)い

2 田中(たなか)さんが会社(かいしゃ)でしなくてもいいことは何(なん)ですか。

① メールのチェック　② 資料(しりょう)の検索(けんさく)

③ 毎日(まいにち)の残業(ざんぎょう)　④ 電話応対(でんわおうたい)

3 学生(がくせい)が授業中(じゅぎょうちゅう)しなくてもいいことは何(なん)ですか。

① 本(ほん)を読(よ)む　② 漢字(かんじ)を書(か)く

③ 日本語(にほんご)で説明(せつめい)する　④ 日本語(にほんご)で話(はな)す

톡톡 펜맨십

Kanji & Katakana

한자

たいへん 大変 힘듦	たいへん 大変	たいへん 大変		
じょうし 上司 상사	じょうし 上司	じょうし 上司		
まいにち 毎日 매일	まいにち 毎日	まいにち 毎日		
にゅうりょく 入力 입력	にゅうりょく 入力	にゅうりょく 入力		
むり 無理 무리	むり 無理	むり 無理		
ぶか 部下 부하	ぶか 部下	ぶか 部下		

가타카나

インターン 인턴	インターン	
データ 데이터	データ	
ゲーム 게임	ゲーム	

남이 시켜서 억지로 해야 했던 일에 대해 이야기해 봅시다.

Track 09-07

보기

그림을 보면서 다음과 같이 이야기해 보세요.

小学生の時、親に毎日部屋の掃除をさせられました。

兄の宿題をさせられる
형의 숙제를 하다

夜遅くまで塾に通わせられる
밤늦게까지 학원에 다니다

毎日本を読ませられる
매일 책을 읽다

嫌いな野菜を食べさせられる
싫어하는 채소를 먹다

歌の練習をさせられる
노래 연습을 하다

深夜まで勉強させられる
밤늦게까지 공부하다

톡톡 어휘

長時間待たせられる
오랫동안 기다리다

毎回自宅まで送らせられる
매일 집까지 바래다주다

飲めないお酒を飲ませられる
먹지 못하는 술을 먹다

プレゼントを渡させられる
선물을 건네주다

英語だけで話させられる
영어로만 이야기하다

高い指輪を買わせられる
비싼 반지를 사다

買い物に行かせられる
물건 사러 가다

毎朝５キロ走らせられる
매일 아침 뛰다

ダイエットさせられる
다이어트 하다

unit 10

少々(しょうしょう)お待(ま)ちください。

잠시 기다려 주십시오.

학습목표 경어 표현 익히기

톡톡 회화 Dialogue

Track 10-01

ジュンス あの、すみません。

私(わたくし)、コリア銀行(ぎんこう)から参(まい)りましたイ·ジュンスと申(もう)します。

案内(あんない)デスク どのようなご用件(ようけん)でいらっしゃいましたか。

ジュンス 本日(ほんじつ)は、営業課課長(えいぎょうかかちょう)の木村様(きむらさま)にお目(め)にかかりたく、事前(じぜん)にご連絡(れんらく)さしあげたのですが…。

案内(あんない)デスク かしこまりました。ただいま木村(きむら)におつなぎ致(いた)しますので、こちらにおかけになって少々(しょうしょう)お待(ま)ちください。

ジュンス はい、ありがとうございます。

(안내 데스크 직원이 내선 전화로 기무라 과장에게 연락한다.)

案内(あんない)デスク お待(ま)たせいたしました。木村(きむら)が会議室(かいぎしつ)にご案内(あんない)するよう申(もう)しております。こちらにどうぞ。

낱말과 표현

- **私(わたくし)** 저
- **コリア銀行(ぎんこう)** 코리아 은행
- **参(まい)る** 오다, 가다(겸양어)
- **〜と申(もう)します** ~라고 합니다
- **案内(あんない)デスク** 안내 데스크
- **どのような** 어떠한
- **ご用件(ようけん)** 용건
- **いらっしゃる** 오시다, 가시다, 계시다
- **本日(ほんじつ)** 오늘
- **営業課(えいぎょうか)** 영업과
- **課長(かちょう)** 과장
- **〜様(さま)** ~님
- **お目(め)にかかる** 만나 뵙다
- **〜たく(=〜たくて)** ~싶어서
- **事前(じぜん)に** 사전에
- **ご連絡(れんらく)さしあげる** 연락드리다
- **かしこまりました** 알겠습니다
- **ただいま** 지금
- **おつなぎいたす** 연결해드리다
- **〜ので** ~때문에
- **おかけになる** 앉으시다
- **少々(しょうしょう)** 조금, 잠시
- **お待(ま)ちくださる** 기다려주시다
- **お待(ま)たせいたす** 기다리시다
- **会議室(かいぎしつ)** 회의실
- **ご案内(あんない)する** 안내하다
- **〜よう(=〜ように)** ~도록, ~같이
- **申(もう)しておる** 말씀하시다
- **どうぞ** 자

톡톡 문법

01 존경 표현

① 존경 어법 お(ご) + ます형 / 동작성 명사 + になる

このすばらしい論文(ろんぶん)はソ先生(せんせい)が

お書(か)きになりました。

奥様(おくさま)はもうお帰(かえ)りになりました。

こちらをご利用(りよう)になってください。

낱말과 표현

すばらしい 굉장하다

論文(ろんぶん) 논문

奥様(おくさま) 부인

② 동사 + れる, られる

先生(せんせい)もきっと喜(よろこ)ばれるでしょう。

いつ帰(かえ)られますか。

낱말과 표현

きっと 꼭, 분명히

喜(よろこ)ぶ 기뻐하다

いつ 언제

Track 10-02

③ 존경 당부 표현

少々(しょうしょう)お待(ま)ちください。

お気軽(きがる)にご利用(りよう)ください。

どうぞ中(なか)の方(ほう)へお入(はい)りください。

どうぞよろしくお伝(つた)えください。

낱말과 표현

少々(しょうしょう) 조금, 잠시
お気軽(きがる)に 가볍게
利用(りよう)する 이용하다
どうぞ 자
中(なか)の方(ほう) 안쪽
よろしく 잘
伝(つた)える 전하다

④ 특수 존경어

お客様(きゃくさま)がいらっしゃいました。

中村(なかむら)さんのお祖父様(じいさま)がそうおっしゃいました。

あの映画(えいが)は多(おお)くの方々(かたがた)がご覧(らん)になりました。

낱말과 표현

いらっしゃる 계시다
そう 그렇게
おっしゃる 말씀하시다
多(おお)くの 많은
方々(かたがた) 분들
ご覧(らん)になる 보시다

토크토크 문법

02 겸양 표현

① 겸양 어법 お(ご) + ます형 / 동작성 명사 + する(致(いた)す)

美容(びよう)のプロがお答(こた)えします。

ご回復(かいふく)を心(こころ)よりお祈(いの)り致(いた)します。

またお会(あ)いすることを楽(たの)しみにしております。

本当(ほんとう)にいろいろとご迷惑(めいわく)をおかけしました。

낱말과 표현

- **美容(びよう)** 미용
- **プロ** 프로
- **答(こた)える** 대답하다
- **回復(かいふく)** 회복
- **心(こころ)より** 마음으로
- **祈(いの)る** 빌다
- **迷惑(めいわく)** 폐, 귀찮음, 성가심

② 특수 겸양어

皆様(みなさま)お一人(ひとり)お一人(ひとり)のご回答(かいとう)を拝見致(はいけんいた)します。

ご来店(らいてん)のお客様(きゃくさま)にお知(し)らせを申(もう)し上(あ)げます。

ご確認(かくにん)くださるようお願(ねが)い申(もう)し上(あ)げます。

낱말과 표현

- **皆様(みなさま)** 여러분
- **回答(かいとう)** 회답
- **拝見(はいけん)する** 삼가 보다
- **来店(らいてん)** 내점
- **お客様(きゃくさま)** 손님
- **お知(し)らせ** 알림
- **申(もう)し上(あ)げる** 말씀드리다, 여쭙다
- **お願(ねが)い** 부탁

Track 10-02

03 특수 경어

동사 보통형	특별 존경어	특별 겸양어
飲む 마시다	召し上がる	いただく
食べる 먹다	召し上がる	いただく
言う 말하다	おっしゃる	申す
見る 보다	ご覧になる	拝見する
聞く 듣다	お聞きになる	拝聴する
会う 만나다	お会いになる	お目にかかる
買う 사다	お求めになる	–
死ぬ 죽다	お亡くなりになる	–
着る 입다	お召しになる	–
思う 생각하다	お思いになる	存じる
知っている 알고 있다	ご存じだ	存じている(おる)
わかる 알다	–	承知する
行く 가다	いらっしゃる	参る
来る 오다	いらっしゃる	参る
いる 있다	いらっしゃる	おる
する 하다	なさる	致す
あげる 주다	–	さしあげる
くれる 주다	くださる	–
もらう 받다	–	いただく

톡톡 패턴

A

Track 10-03

보기

私がその荷物を持つ

私がその荷物をお持ちします。

1 タクシーを呼ぶ

2 このデザインを勧める

3 車を貸す

4 品物を送る

5 ここで待つ

6 ご質問に答える

낱말과 표현

荷物 짐	デザイン 디자인	品物 물건
タクシー 택시	勧める 추천하다	質問 질문
呼ぶ 부르다	貸す 빌려 주다	答える 대답하다

B

Track 10-04

보기

新聞(しんぶん)を読(よ)む

新聞(しんぶん)をお読(よ)みになります。

1. ご家族(かぞく)を待(ま)つ

2. 7時頃戻(じごろもど)る

3. コーヒーを飲(の)む

4. 論文(ろんぶん)を書(か)く

5. こちらの座席(ざせき)に座(すわ)る

6. ハンドバッグを買(か)う

낱말과 표현

新聞(しんぶん) 신문
読(よ)む 읽다
～頃(ころ) ~즈음
戻(もど)る 돌아가다, 돌아오다
座席(ざせき) 좌석
座(すわ)る 앉다
ハンドバッグ 핸드백

톡톡 패턴

C

Track 10-05

보기

こちらに座(すわ)る

こちらにお座(すわ)りください。

1 このペンを使(つか)う

2 ここにご住所(じゅうしょ)とお名前(なまえ)を書(か)く

3 下記事項(かきじこう)をご確認(かくにん)の上(うえ)、申(もう)し込(こ)む

4 良(よ)い週末(しゅうまつ)を送(おく)る

낱말과 표현

ご住所(じゅうしょ) 주소
下記事項(かきじこう) 아래 사항
確認(かくにん) 확인
～の上(うえ) ~한 다음에
申(もう)し込(こ)む 신청하다
週末(しゅうまつ) 주말
送(おく)る 보내다

Pattern practice

Track 10-06

D

보기

(상대방에게) また来(き)てください (제가) 橋本(はしもと)と言(い)います

またいらっしゃってください。

橋本(はしもと)と申(もう)します。

1 (상대방에게) 映画(えいが)を見(み)てください

2 (상대방에게) 食(た)べてください

3 (제가) 書類(しょるい)を見(み)ました

4 (제가) 明日(あした)行(い)きます

낱말과 표현

書類(しょるい) 서류

톡톡 체크 Check

어휘·문법

①~④ 중에서 가장 알맞은 것을 골라 O표 하세요.

1 お客様こちらで少々＿＿★＿＿ください。

① お待ち　② お待たせ　③ お待って　④ 待ち

2 お祖父様は本を＿＿★＿＿。

① 拝見しています　② お読みしています

③ お読みになっています　④ お読みになさっています

3 お求めになった品物は明日までに＿＿★＿＿。

① 送ってください　② お送りになります

③ お送り致します　④ お送りしています

청취

Track 10-07

잘 듣고 ①~③ 중에서 질문의 답으로 가장 알맞은 것을 골라 O표 하세요.

1 東洋銀行のキムと申しますが、坂本社長いらっしゃいますか。

①　②　③

2 佐藤様にお目にかかりたいのですが…。

①　②　③

3 あの、田中課長は戻られましたか。

①　②　③

톡톡 펜맨십

Kanji & Katakana

한자

しょうしょう 少々 조금, 잠시	しょうしょう 少々	しょうしょう 少々		
かいぎしつ 会議室 회의실	かいぎしつ 会議室	かいぎしつ 会議室		
えいぎょう 営業 영업	えいぎょう 営業	えいぎょう 営業		
おきゃくさま お客様 손님	おきゃくさま お客様	おきゃくさま お客様		
かいふく 回復 회복	かいふく 回復	かいふく 回復		
ほんとう 本当 정말	ほんとう 本当	ほんとう 本当		
かいとう 回答 회답	かいとう 回答	かいとう 回答		

가타카나

デスク 데스크	デスク	
プロ 프로	プロ	

깍듯한 경어를 사용해야 하는 중요한 자리!!

Track 10-08

보기

다음과 같이 경어로 이야기해 보세요.

A：ご兄弟はいらっしゃいますか。

B：はい、姉と弟がおります。

(존): 존경어, (겸):겸양어

いる 있다

(존) いらっしゃる

(겸) おる

出席する 출석하다

(존) ご出席なさる

(겸) 出席いたす

来る 오다

(존) いらっしゃる

(겸) 参る

見る 보다

(존) ご覧になる

(겸) 拝見する

聞く 듣다

(존) お聞きになる

(겸) 拝聴する

知っている 알고 있다

(존) ご存じだ

(겸) 存じている

톡톡 어휘

読(よ)む 읽다

(존) お読(よ)みになる

(겸) 拝読(はいどく)する

借(か)りる 빌리다

(존) お借(か)りになる

(겸) 拝借(はいしゃく)する

会(あ)う 만나다

(존) お会(あ)いになる

(겸) お目(め)にかかる

わかった (의뢰, 요청 등을) 알았다, 알겠다

(존) ご存(ぞん)じだ

(겸) 承知(しょうち)した

～と思(おも)う ～라고 생각하다

(존) ～とお思(おも)いになる

(겸) ～と存(ぞん)じる

訪(たず)ねる 방문하다

(존) お訪(たず)ねになる

(겸) 伺(うかが)う

見(み)せる 보여주다

(존) お見(み)せになる

(겸) お目(め)にかける

もらう 받다

(존) お受(う)け取(と)りになる

(겸) いただく

～と言(い)う ～라고 말하다

(존) ～とおっしゃる

(겸) ～と申(もう)す

부록

톡톡 회화 해석

톡톡 패턴 정답

톡톡 체크 정답 및 청취 스크립트

톡톡 문법 색인(오십음도 순)

부록 톡톡 회화 해석

unit 01 スーツを着(き)なければなりませんか。 정장을 입어야 합니까? _ 13쪽

준수 : 나카무라 씨, 내일 면접 말인데요.
미카 : 네. 뭔데요?
준수 : 정장을 입어야 합니까?
미카 : 당연히 정장을 입는 것이 좋다고 생각해요.
준수 : 역시 그렇겠지요.
미카 : 뭐니뭐니해도 비주얼은 중요하니까요.
저는 면접관에게 어필하기 위해서 면접 전날에 일부러 에스테에 갔습니다. 뭐, 보통 에스테까지 가지 않아도 되지만요.
준수 : 그래요? 그래서 그 면접에 붙었어요?
미카 : 아니요, 메이크업에 시간이 걸려서 지각해 버려서.
준수 : 정말.

unit 02 いつでもドライブができます。 언제든지 드라이브할 수 있습니다. _ 27쪽

아려 : 준수 선배! 준수 선배!
준수 : 무슨 일이야, 아려?
아려 : 저, 드디어 운전면허를 땄어요.
어제 차도 사서, 언제든지 드라이브할 수 있습니다.
준수 : 대단해! 축하해.
아려 : 저기……. 그래서 선배님에게 부탁이 있는데요…….
준수 : 좋아. 뭔데?
아려 : 지금 바로 운전하는 것은 아직 위험하다고 생각해서, 선배님이 운전을 가르쳐 주셨으면 해요.
준수 : 미안! 믿지 못할지도 모르겠지만, 나 아직 면허가 없어.

unit 03 日本(にほん)へ留学(りゅうがく)に行(い)くつもりです。 일본에 유학하러 갈 예정입니다. _ 39쪽

주원 : 나카무라 씨는 언제까지 한국에 있을 예정입니까?
미카 : 여기 생활이 마음에 들어서 가능한 오래 있고 싶은데요.
아마 내년에는 일본에 돌아가야 할 것 같습니다.

주원 : 그렇습니까? 실은 저도 올해 말까지 일하고 일본에 유학 가려고 생각하고 있습니다.

미카 : 갑작스러운 이야기네요.

주원 : 장래를 위해서 용기를 내서 인생의 계획을 새롭게 세울 예정입니다.

미카 : 대단하네요. 저는 진지하게 자신의 장래를 생각한 적이 없는데…….

주원 : 괜찮아요. 나카무라 씨의 걱정은 제가 할 테니까, 모두 저에게 맡겨 주세요.

unit 04 ロトに当たったら何がしたいですか。 로또에 당첨되면 무엇을 하고 싶습니까? _ 51쪽

미카 : 준수 씨는 만약 로또에 당첨돼서 평생 일하지 않아도 될 돈이 있다면, 그래도 일할 거예요?

준수 : 글쎄요. 요즘 취직으로 고민하고 있는 저로서는 정말로 꿈 같은 이야기지만…….
그래도 부자가 돼도 아마 일은 할 것 같습니다.

미카 : 어째서요?

준수 : 돈은 필요하지만, 그게 인생의 전부는 아니니까요.

미카 : 저는 로또에 당첨되면 회사를 바로 관둘 거예요.
그리고 원하는 것을 전부 사고 나서 세계 일주 여행을 갈 겁니다.

준수 : 하하하. 미카 씨가 원하는 것을 전부 사면 여행을 위한 돈이 안 남는 것 아니에요?

미카 : 저에 대해서 잘 알고 있네요…….

unit 05 キャンディーブーケを作ってあげたらどうですか。
사탕부케를 만들어 주면 어떻습니까? _ 65쪽

준수 : 아려한테서 밸런타인데이 선물을 받았는데요, 화이트데이에 무엇을 주면 좋을까요?

미카 : 인터넷에서 검색해 보면 어때요?

준수 : 인터넷에서 검색해서 고른 선물보다 정성이 담긴 선물을 주는 것이 좋을 것 같아서.

미카 : 그럼, 사탕부케를 만들어 주면 어때요?
준수 씨가 직접 만든 것이라면 아려 씨 굉장히 감동할 것 같은데요.

준수 : 사탕부케!! 좋은 아이디어네요. 고마워요.

미카 : 이왕이면 제 것도 하나 만들어 주세요.

준수 : 아아, 네…….

unit 06 雨が降りそうですから。 비가 내릴 것 같으니까요. _ 81쪽

미카 : 왠지 굉장히 기분이 좋아 보이는데, 무슨 일 있었어?
아려 : 준수 선배가 굉장히 예쁜 사탕부케를 주었어요.
미카 : 직접 만든 것?
아려 : 네. 저를 위해 밤새워서 만들어 주었다고 해요.
저, 굉장히 감동 받았어요.
미카 씨는 화이트데이에 뭔가 받았어요?
미카 : 스트레스 받으니까 그런 것 묻지 마.
그것보다 요전에 새로 생긴 라면집, 알아?
맛있다고 하니까 같이 먹으러 갈래?
아려 : 비가 내릴 것 같으니까, 따뜻한 라면 좋네요.

unit 07 ドラマのような話ですね。 드라마 같은 이야기네요. _ 93쪽

준수 : 요즘 아려가 기운이 없는 것 같은데요.
미카 : 아려 씨, 곧 중국으로 돌아간다고 해요.
다음 달에 교환 유학이 끝난다고 해요.
준수 : 네, 그래요? 겨우 혼자서 차를 탈 수 있게 돼서 기뻐하는 것 같았는데.
미카 : 소문에 의하면, 실은 아려 씨 갑부집 외동딸에, 중국의 집은 대궐과 같은 호화 저택이라는 것 같아요.
준수 : 마치 드라마 같은 이야기네요.
미카 : 이렇게 되면, 아려 씨가 중국에 못 돌아가도록 준수 씨가 고백하는 수밖에 없어요.

unit 08 まさか誰かに会ったんですか。 설마 누군가를 만난 겁니까? _ 107쪽

미카 : 아아, 정말 최악이야…….
아려 : 무슨 일이에요?
미카 : 밤중에 잘못 온 전화에 깨서, 도저히 잘 수 없어서.
결국 낮까지 자고, 세수도 안 하고 편의점에 갔거든.
아려 : 네~? 민낯으로 외출한 거예요?
미카 : 응. 아무에게도 보이고 싶지 않은 부스스한 머리로. 아무도 만나지 않을 거라고 생각했는데.
아려 : 설마 누군가를 만난 겁니까?

미카 : 응. 주원 씨. 비참한 모습을 주원 씨에게 보이고 말아서…….

아려 : 정말 최악의 날이네요.

unit 09 雑務ばかりさせられています。 잡무만 하고 있습니다. _ 119쪽

미카 : 요즘, 인턴 일은 어때요?

준수 : 인턴으로서 취직된 것은 좋은데요, 너무나 일이 힘들어서…….

미카 : 상사가 어려운 일을 시키는군요.

준수 : 아니요, 차라리 어려운 일이라면 좋은데, 매일 잡무만 시킵니다.

미카 : 잡무?

준수 : 데이터 입력이나 전화 응대는 물론, 커피까지 사오라고 해요.

미카 : 인턴이니까 어쩔 수 없어요.
저는 지금도 잡무만 하고 있어요.

unit 10 少々お待ちください。 잠시 기다려 주십시오. _ 133쪽

준수 : 저기, 실례합니다.
저는 코리아 은행에서 온 김준수라고 합니다.

안내데스크 : 어떤 용건으로 오셨습니까?

준수 : 오늘은 영업과 과장인 기무라 님을 뵙고 싶어서, 사전에 연락을 드렸습니다만…….

안내데스크 : 알겠습니다. 지금 기무라 과장님에게 연결할 테니, 이쪽에 앉아서 잠시 기다려 주십시오.

준수 : 네, 고맙습니다.

안내데스크 : 많이 기다리셨습니다. 기무라 과장님이 회의실로 안내하라고 하십니다. 이쪽으로 오세요.

부록 톡톡 패턴 정답

unit01 톡톡 패턴 A_본 책 19쪽

1 B：レポートを書かなければなりません。

2 B：料理を作らなければなりません。

3 B：試験を受けなければなりません。

4 B：書類を作成しなければなりません。

5 B：メールをチェックしなければなりません。

6 B：９時までに学校に来なければなりません。

unit01 톡톡 패턴 B_본 책 20쪽

1 A：お金を払わなければなりませんか。
B：いいえ、お金を払わなくてもいいです。

2 A：写真を撮らなければなりませんか。
B：いいえ、写真を撮らなくてもいいです。

3 A：英語で話さなければなりませんか。
B：いいえ、英語で話さなくてもいいです。

4 A：朝早く起きなければなりませんか。
B：いいえ、朝早く起きなくてもいいです。

5 A：アプリをダウンロードしなければなりませんか。
B：いいえ、アプリをダウンロードしなくてもいいです。

6 A：試験に合格しなければなりませんか。
B：いいえ、試験に合格しなくてもいいです。

unit01 톡톡 패턴 C_본 책 21쪽

1 B：日本に留学するために勉強をしています。

2 B：日本の会社に入るために勉強をしています。

3 B：日本のドラマを字幕なしで見るために勉強をしています。

4 B：日本人の友だちと日本語で話すために勉強をしています。

5 B：いい会社に就職するために勉強をしています。

6 B：日本語能力試験を受けるために勉強をしています。

unit02 톡톡 패턴 A_본 책 31쪽

1 A：中国語が話せますか。
B：はい、話せます。/ いいえ、話せません。

2 A：日本の歌が歌えますか。
B：はい、歌えます。/ いいえ、歌えません。

3 A：漢字が書けますか。
B：はい、書けます。/ いいえ、書けません。

4 A：ホームページが作れますか。
B：はい、作れます。/ いいえ、作れません。

5 A：日本語でレポートが書けますか。
B：はい、書けます。/ いいえ、書けません。

6 A：通訳ができますか。
B：はい、できます。/ いいえ、できません。

unit02 톡톡 패턴 B_본 책 32쪽

1 A：コーヒーショップでおいしいコーヒーを飲むことができます。
B：そうですね。おいしいコーヒーが飲めますね。

2 A：郵便局で小包を送ることができます。
B：そうですね。小包が送れますね。

3 A：図書館で本を借りることができます。
B：そうですね。本が借りられますね。

4 A：コンビニでお弁当を食べることができます。
B：そうですね。お弁当が食べられますね。

5 A：公園で散歩することができます。
B：そうですね。散歩できますね。

6 A：自転車で来ることができます。
B：そうですね。自転車で来られますね。

unit02 톡톡 패턴 C_본 책 33쪽

1 A：いい人に会えるでしょうか。
B：会えないかもしれません。

2 A：留学に行けるでしょうか。
B：行けないかもしれません。

3 A：彼女は料理が作れるでしょうか。
B：作れないかもしれません。

4 A：この服が着られるでしょうか。
B：着られないかもしれません。

5 A：今年入社できるでしょうか。
B：入社できないかもしれません。

6 A：あの二人は結婚できるでしょうか。
B：結婚できないかもしれません。

unit03 톡톡 패턴 A_본 책 43쪽

1 家を買うつもりです。
家を買わないつもりです。

2 エステに行くつもりです。
エステに行かないつもりです。

3 朝早く家を出るつもりです。
朝早く家を出ないつもりです。

4 日本語能力試験を受けるつもりです。
日本語能力試験を受けないつもりです。

5 早く結婚するつもりです。
早く結婚しないつもりです。

6 図書館に来るつもりです。
図書館に来ないつもりです。

unit03 톡톡 패턴 B_본 책 44쪽

1 B：ドライブに行こうと思っています。

2 B：小説を読もうと思っています。

3 B：映画を見ようと思っています。

4 B：恋人とデートしようと思っています。

5 B：図書館で勉強しようと思っています。

6 B：学校に来ようと思っています。

부록 톡톡 패턴 정답

unit03 톡톡 패턴 C_본 책 45쪽

1 A：来月から私は中国語を習うつもりです。
B：私も習おうと思っています。

2 A：来年私は日本に行くつもりです。
B：私も行こうと思っています。

3 A：再来月私は引っ越すつもりです。
B：私も引っ越そうと思っています。

4 A：明日から私は朝早く起きるつもりです。
B：私も早く起きようと思っています。

5 A：再来年私は結婚するつもりです。
B：私も結婚しようと思っています。

6 A：今日から私はダイエットするつもりです。
B：私もダイエットしようと思っています。

unit04 톡톡 패턴 A_본 책 57쪽

1 お金があれば海外旅行に行きたいです。

2 雨が降れば家にいたいです。

3 試験に合格すればおごりたいです。

4 天気がよければドライブに行きたいです。

unit04 톡톡 패턴 B_본 책 58쪽

1 スケジュールが決まったら連絡してください。

2 映画が始まったら話さないでください。

3 日本に着いたら電話してください。

4 よく分からなかったら質問してください。

unit04 톡톡 패턴 C_본 책 59쪽

1 スイッチを押すと、電気がつきます。

2 ホームページに入ると、写真が見られます。

3 この道を真っ直ぐ行くと、駅があります。

4 角を曲がると、病院が見えます。

unit05 톡톡 패턴 A_본 책 72쪽

1 私は猫にえさをやりました。

2 私は彼氏にネクタイをあげました。

3 私は先生にお花をさしあげました。

4 私は部長にワインをさしあげました。

unit05 톡톡 패턴 B_본 책 73쪽

1 私は先生に資料をいただきました。

2 私は親友に本をあげました。

3 親友は私に財布をくれました。

4 先生は親友に論文をくださいました。

5 親友は先生に和菓子をさしあげました。

6 親友は私に本をもらいました。

unit05 톡톡 패턴 C_본 책 74쪽

1 私は先生に日本語を教えていただきました。

2 先生は姉に就職先を紹介してくださいました。

3 姉は私に本を買ってくれました。

4 私は弟に料理を作ってやりました。

5 弟は先生に進学相談していただきました。

6 先生は弟に進学相談してくださいました。

unit05 톡톡 패턴 D_본 책 75쪽

1 A：両親に結婚記念日のプレゼントをしたいんですが。
B：結婚記念日のプレゼントなら花束はどうですか。

2 A：恋人にクリスマスプレゼントをしたいんですが。
B：クリスマスプレゼントならマフラーはどうですか。

3 A：先輩に卒業祝いのプレゼントをしたいんですが。
B：卒業祝いのプレゼントなら靴はどうですか。

4 A：同僚に引っ越し祝いのプレゼントをしたいんですが。
B：引っ越し祝いのプレゼントなら掃除機はどうですか。

unit06 톡톡 패턴 A_본 책 85쪽

1 天気予報によると明日から寒くなるそうです。

2 先生の話によると試験は難しくないそうです。

3 親友の話によるとパーティーは楽しかったそうです。

4 関係者の話によるとプレゼンは成功的に終わったそうです。

unit06 톡톡 패턴 B_본 책 86쪽

1 赤ちゃんが泣き出しそうです。

2 授業に遅れそうです。

3 彼は頭がよさそうです。

4 彼女は忙しそうです。

5 仕事が大変そうです。

6 彼女は幸せそうです。

unit06 톡톡 패턴 C_본 책 87쪽

1 難しそうな本ですね。

2 真面目そうな学生ですね。

3 元気そうな子犬ですね。

4 楽しそうに遊んでいますね。

5 悲しそうに泣いていますね。

6 面白そうに笑っていますね。

unit07 톡톡 패턴 A_본 책 99쪽

1 私の秘密を知っているようです。

2 あの二人は別れたようです。

3 あの夫婦は仲が悪いようです。

4 この頃忙しいようです。

부록 톡톡 패턴 정답

5 仕事が大変なようです。

6 あの指輪はペアリングのようです。

unit07 톡톡 패턴 B_본 책 100쪽

1 まるでお城のような家ですね。

2 まるで人形のような赤ちゃんですね。

3 まるで雪のような肌ですね。

4 まるでモデルのような人ですね。

5 まるでおもちゃのようなカメラですね。

6 まるで天使のような先生ですね。

unit07 톡톡 패턴 C_본 책 101쪽

1 先輩は恋人を待っているらしいですよ。

2 橋本さんは試験に合格したらしいですよ。

3 あの映画は面白くないらしいですよ。

4 あのビルは芸能人Kさんの建物らしいですよ。

unit08 톡톡 패턴 A_본 책 111쪽

1 明日から展示会が開かれます。

2 この新聞は日本で一番多く読まれています。

3 サイコロが投げられました。

4 この製品はハンドメイドで製作されます。

unit08 톡톡 패턴 B_본 책 112쪽

1 B：父に叱られたんです。

2 B：母に小言を言われたんです。

3 B：友だちにいじめられたんです。

4 B：すりに財布をすられたんです。

5 B：隣の人に足を踏まれたんです。

6 B：上司に怒られたんです。

unit08 톡톡 패턴 C_본 책 113쪽

1 B：みんなの前で友だちに笑われて恥ずかしかったです。

2 B：上司に同僚と比較されて気分が悪いです。

3 B：彼女に泣かれて困っています。

4 B：ペットに死なれて悲しんでいます。

unit09 톡톡 패턴 A_본 책 125쪽

1 お母さんは子供に薬を飲ませます。

2 医者は患者にお酒を止めさせます。

3 先生は学生に質問に答えさせます。

4 上司は部下に顧客に電話させます。

unit09 톡톡 패턴 B_본 책 126쪽

1 子供はお母さんに部屋の掃除をさせられました。

2 彼氏は彼女にハンドバッグを持たせられました。

3 部下は上司に残業させられました。

4 後輩は先輩にお酒を飲ませられました。

unit09 톡톡 패턴 C_본 책 127쪽

1 ブランド商品ばかり買っています。

2 音楽ばかり聞いています。

3 映画ばかり見ています。

4 運動ばかりしています。

5 インターネットでチャットばかりしています。

6 メールばかりチェックしています。

unit10 톡톡 패턴 A_본 책 138쪽

1 タクシーをお呼びします。

2 このデザインをお勧めします。

3 車をお貸しします。

4 品物をお送りします。

5 ここでお待ちします。

6 ご質問にお答えします。

unit10 톡톡 패턴 B_본 책 139쪽

1 ご家族をお待ちになります。

2 7時頃お戻りになります。

3 コーヒーをお飲みになります。

4 論文をお書きになります。

5 こちらの座席にお座りになります。

6 ハンドバッグをお買いになります。

unit10 톡톡 패턴 C_본 책 140쪽

1 このペンをお使いください。

2 ここにご住所とお名前をお書きください。

3 下記事項のご確認の上、お申し込みください。

4 良い週末をお送りください。

unit10 톡톡 패턴 D_본 책 141쪽

1 映画をご覧になってください。

2 召し上がってください。

3 書類を拝見しました。

4 明日参ります。

부록 톡톡 체크 정답 및 청취 스크립트

unit 01 スーツを着なければなりませんか。
정장을 입어야 합니까?

정답 _본책 22쪽

어휘 · 문법 1 ② 2 ② 3 ③

청취 1 ② 2 ② 3 ④

청취 스크립트

1 A: 吉田さん、アルバイトの面接のことなんですが。

B: はい、何ですか。

A: スーツを着なければなりませんか。

B: いいえ、着なくてもいいですよ。

A: ジーンズでもいいですか。

B: うーん、ジーンズではだめです。

2 A: 田中さん、今日の夜飲みに行きましょうか。

B: すみません。今日は忙しくて仕事をしなければならないんです。

A: そうですか。じゃあ、私は他の友だちと…。

B: キムさん！明日は会議で朝７時までに来なければなりませんよ。今日はあまり飲まない方がいいですよ。

A: あ、忘れていました。じゃ、今日は飲まないで家に早く帰ります。

3 A: 会社は何時に始まりますか。

B: 午前9時には仕事を始めなければなりません。

A: じゃ、何時までに来なければなりませんか。

B: そうですね。仕事を早く覚えるためには9時30分前までには来た方がいいですね。

A: 土曜日にも働かなければなりませんか。

B: いいえ、土曜日は働かなくてもいいです。

1 A: 요시다 씨, 아르바이트 면접 말인데요.

B: 네, 무엇입니까?

A: 정장을 입어야 합니까?

B: 아니요, 안 입어도 됩니다.

A: 청바지라도 괜찮습니까?

B: 아니, 청바지는 안 됩니다.

2 A: 다나카 씨, 오늘 저녁 술 마시러 갈까요?

B: 죄송합니다. 오늘은 바빠서 일을 해야만 합니다.

A: 그렇습니까? 그럼, 저는 다른 친구와…….

B: 김 씨! 내일은 회의라서 아침 7시까지 와야만 합니다. 오늘은 너무 마시지 않는 편이 좋아요.

A: 아, 잊고 있었습니다. 그럼, 오늘은 마시지 않고 집에 빨리 가겠습니다.

3 A: 회사는 몇 시에 시작합니까?

B: 오전 9시에는 일을 시작해야만 합니다.

A: 그럼, 몇 시까지 와야 합니까?

B: 글쎄요. 일을 빨리 배우기 위해서는 9시 30분 전까지는 오는 것이 좋겠네요.

A: 토요일에도 일해야 합니까?

B: 아니요, 토요일은 일하지 않아도 됩니다.

unit 02 いつでもドライブができます。
언제든지 드라이브할 수 있습니다.

정답 _본책 34쪽

어휘 · 문법 1 ① 2 ② 3 ③

청취 1 ③ 2 ③ 3 ③

청취 스크립트

1 A: 鈴木さんは英語で話すことができましたよね。

B: はい。

A: 実は今日２時にアメリカから友だちが来るんです。

B: わかりました。でもキムさんも英語ができるでしょう？

A: 本は読めますが、話すのはちょっと…。

B: そうですか。

2 A: 池田さんは料理が好きですか。

B: はい、よく作る方です。

A: じゃ、どんな料理でも作れますか。

B: いいえ、いいえ。パスタとか簡単な料理はできますが、難しい料理は作れません。

A: そうですか。

3 A: ６時、約束の時間ですね。

B: 先輩、約束を忘れているかもしれませんよ。

A: 先輩が? 先輩はお酒の約束は絶対忘れませんよ。

B: じゃあ、先に行って待ちましょうか。

A: そうですね。

1 A: 스즈키 씨는 영어로 이야기하는 것이 가능하죠?

B: 네.

A: 실은 오늘 2시에 미국에서 친구가 옵니다.

B: 알겠습니다. 하지만 김 씨도 영어는 할 수 있잖아요?

A: 책은 읽을 수 있는데, 말하는 것은 좀…….

B: 그렇습니까?

2 A: 이케다 씨는 요리를 좋아합니까?

B: 네, 자주 만드는 편입니다.

A: 그럼, 어떤 요리라도 만들 수 있습니까?

B: 아뇨, 아뇨. 파스타라든지 간단한 요리는 할 수 있지만, 어려운 요리는 못 만듭니다.

A: 그렇습니까?

3 A: 6시, 약속 시간이네요.

B: 선배, 약속을 잊고 있을지도 몰라요.

A: 선배가? 선배는 술 약속은 절대 안 잊어요.

B: 그럼, 먼저 가서 기다릴까요?

A: 그러죠.

unit 03 日本に留学に行くつもりです。

일본에 유학하러 갈 예정입니다.

정답_본책 46쪽

어휘 · 문법	**1** ②	**2** ②	**3** ②
청취	**1** ①	**2** ②	**3** ②

청취 스크립트

1 キムさんは今年の日本語の試験を受けようと思っていますか。

① はい、受けるつもりです。

② はい、受けないつもりです。

③ いいえ、日本語の試験を受けようと思います。

2 鈴木さんはいつまで韓国にいるつもりですか。

① そうですか。今年日本に帰るんですか。

② 今年いっぱいまでは韓国にいるつもりです。

③ はい、韓国にはいません。

3 会議はいつですか。

① はい、予定がありません。

② 金曜日の2時にある予定です。

③ 午後2時に始まるつもりです。

1 김 씨는 올해 일본어 시험을 치려고 생각하고 있습니까?

① 네, 칠 생각입니다.

② 네, 치지 않을 생각입니다.

③ 아니요, 일본어 시험을 치려고 생각합니다.

2 스즈키 씨는 언제까지 한국에 있을 예정입니까?

① 그렇습니까? 올해 일본으로 돌아갑니까?

② 올해 말까지는 한국에 있을 예정입니다.

③ 네, 한국에는 없습니다.

3 회의는 언제입니까?

① 네, 예정이 없습니다.

② 금요일 2시에 있을 예정입니다.

③ 오후 2시에 시작될 예정입니다.

unit 04 ロトに当たったら何がしたいですか。 로또에 당첨되면 무엇을 하고 싶습니까?

정답 _본 책 60쪽

어휘 · 문법	1 ①	2 ①	3 ①
청취	1 ③	2 ③	3 ④

청취 스크립트

1 A: 明日のハイキング、行きますか。

B: 晴れれば、行きますよ。

A: でも明日は多分雨ですよ。

B: そうですね。雨が降れば、ハイキングはちょっと無理ですね。
明日、行くのは止めましょうか。

A: その方がいいですね。来週行きましょう。

2 A: 田中さん、コピー機で書類をコピーしたいんですが、ちょっと教えてください。

B: まずこの緑のボタンを押してください。

A: はい。

B: そして、この赤いボタンを押すとコピーができます。

A: ああ、このボタンですか。ありがとうございます。

3 A: 暑かったら車の窓を開けてもいいですよ。

B: そうですか。どのボタンを押せばいいですか。このボタンですか。

A: そのボタンを押すと電気がつきますよ。

B: この白いボタンですか。

A: いいえ、その下の黒いボタンです。

B: あ、これですね。ありがとうございます。

1 A: 내일 하이킹 갑니까?

B: 날씨가 맑으면, 갈 겁니다.

A: 하지만 내일은 아마 비가 내릴 거예요.

B: 그렇군요. 비가 온다면, 하이킹은 조금 무리겠네요. 내일 가는 것은 그만둘까요?

A: 그러는 편이 좋겠네요. 다음 주에 갑시다.

2 A: 다나카 씨, 복사기에서 서류를 복사하고 싶은데, 좀 가르쳐주세요.

B: 우선 이 초록색 버튼을 눌러주세요.

A: 네.

B: 그리고, 이 빨간색 버튼을 누르면 복사할 수 있습니다.

A: 아~, 이 버튼입니까? 고맙습니다.

3 A: 더우면 차 창문을 열어도 됩니다.

B: 그렇습니까? 어떤 버튼을 누르면 됩니까? 이 버튼입니까?

A: 그 버튼을 누르면 전기가 들어옵니다.
B: 이 흰색 버튼입니까?
A: 아니요, 그 아래 검은색 버튼입니다.
B: 아, 이거군요. 고맙습니다.

unit 05 キャンディーブーケを作ってあげたらどうですか。
사탕부케를 만들어 주면 어떻습니까?

정답_본 책 76쪽

어휘 · 문법 **1** ② **2** ② **3** ③

청취 **1** ② **2** ② **3** ①

청취 스크립트

1 家で母に料理を教えてもらっています。
① そうですか。お母さんが教えてもらうんですか。
② そうですか。お母さんが教えてくださるんですか。
③ そうですか。お母さんが教えていただきますか。

2 娘に車で駅まで送ってもらっています。
① 娘さんに運転してくれるんですか。
② 娘さんが運転してくれるんですか。
③ 娘さんが運転してもらうんですか。

3 池田先生に本をいただきました。
① 池田先生がくださったんですか。
② 池田先生にやったんですか。
③ 池田先生にさしあげたんですか。

1 집에서 엄마에게 요리를 가르쳐 받고 있습니다.
(= 집에서 엄마에게 요리를 배우고 있습니다.)
① 그렇습니까? 어머니가 가르쳐 받습니까?
② 그렇습니까? 어머니가 가르쳐 주십니까?
③ 그렇습니까? 어머니가 가르쳐 받습니까?

2 딸에게 차로 역까지 바래다 받고 있습니다.
(= 딸이 차로 역까지 데려다 주고 있습니다.)
① 딸에게 운전해 주십니까?
② 딸이 운전해 주십니까?
③ 딸이 운전해 받습니까?

3 이케다 선생님에게 책을 받았습니다.
① 이케다 선생님이 주셨습니까?
② 이케다 선생님에게 주었습니까?
③ 이케다 선생님에게 드렸습니까?

unit 06 雨が降りそうですから。
비가 내릴 것 같으니까요.

정답_본 책 88쪽

어휘 · 문법 **1** ① **2** ③ **3** ②

청취 **1** ③ **2** ② **3** ③

청취 스크립트

1 A: 雑誌によると今日本で韓国の歌がとても人気があるそうですよ。
B: うれしいですね。
A: また歌や料理も人気ですが、ドラマが一番人気だそうです。
B: そうですか。
A: それで韓国の映画を見て、韓国語を勉強する人もたくさんいるそうです。

2 A: 今日はとても寒いですね。
B: そうですね。天気予報によると明日はもっと寒くなるそうですよ。
A: そうですか。じゃ、明日は服をたくさん着てもっと暖かくした方がいいですね。
B: そうですね。

3 A: 雨が降りそうな天気ですね。

B: そうですね。こんな日にはおいしいラーメンが食べたいですね。

A: 会社の前にできた新しいラーメン屋、どうですか。おいしそうでしたけど。

B: 同僚の話によるとあそこのラーメンあまりおいしくないそうですよ。高いし…。

A: そうですか。じゃ、この前行った店に行きましょう。

B: そうしましょう。

1 A: 잡지에 의하면 지금 일본에서 한국 노래가 굉장히 인기가 있다고 합니다.

B: 기쁘네요.

A: 또한, 노래나 요리도 인기지만, 드라마가 가장 인기라고 합니다.

B: 그렇습니까?

A: 그래서 한국 영화를 보고, 한국어를 공부하는 사람도 많이 있다고 합니다.

2 A: 오늘은 굉장히 춥네요.

B: 그렇네요. 일기예보에 의하면 내일은 더 추워진다고 합니다.

A: 그렇습니까? 그럼, 내일은 옷을 많이 입고 좀 더 따뜻하게 하는 편이 좋겠네요.

B: 그렇네요.

3 A: 비가 올 것 같은 날씨네요.

B: 그렇네요. 이런 날에는 맛있는 라면이 먹고 싶네요.

A: 회사 앞에 생긴 새로운 라면집 어떻습니까? 맛있어 보이던데요.

B: 동료의 이야기에 의하면 그 집 라면 그다지 맛있지 않다고 해요. 비싸고…….

A: 그렇습니까? 그럼, 요전에 갔던 가게로 갑시다.

B: 그럽시다.

unit 07 ドラマのような話ですね。

드라마 같은 이야기네요.

정답_본 책 102쪽

어휘 · 문법 **1** ③ **2** ② **3** ①

청취 **1** ① **2** ① **3** ③

청취 스크립트

1 外がうるさいですね。

① 近くでロックコンサートがあるらしいです。

② 近くでロックコンサートがあったようです。

③ 近くでロックコンサートのようです。

2 この頃先輩は遊びに来ないですね。

① そうですね。最近とても忙しいようですね。

② そうですね。最近とても楽しかったようですね。

③ そうですね。最近とても元気なようですね。

3 彼女、日本語がとても上手ですね。

① 友だちの話によると、英語も上手そうですよ。

② 友だちの話によると、英語も上手ですよ。

③ 友だちの話によると、英語も上手らしいですよ。

1 밖이 시끄럽네요.

① 근처에서 록 콘서트가 있는 것 같습니다.

② 근처에서 록 콘서트가 있었던 것 같습니다.

③ 근처에서 록 콘서트인 것 같습니다.

2 요즘 선배는 놀러오지 않네요.
① 그렇네요. 요즘 굉장히 바쁜 것 같아요.
② 그렇네요. 요즘 굉장히 즐거웠던 것 같아요.
③ 그렇네요. 요즘 굉장히 건강한 것 같아요.

3 그녀, 일본어를 굉장히 잘하는군요.
① 친구 이야기에 의하면 영어도 잘할 것 같습니다.
② 친구 이야기에 의하면 영어도 잘합니다.
③ 친구 이야기에 의하면 영어도 잘하는 것 같아요.

unit 08 まさか誰かに会ったんですか。
설마 누군가를 만난 겁니까?

정답_본 책 114쪽

어휘 · 문법	1 ②	2 ③	3 ③
청취	1 ②	2 ④	3 ①

청취 스크립트

1 A: この街は賑やかですてきですね。
B: そうですね。すてきなカフェやお店もいっぱいありますね。
A: あの店のデザイン、すてきですね。
B: ああ、あの店ですか。有名なデザイナーによって作られた店ですよ。タレントのホンの店で多くの人々に知られています。
A: そうですか。一度入ってみましょうか。
B: いいですね。そうしましょう。

2 A: どうしたんですか。元気ないですね。
B: 昨日病院に行って来たんですよ。
A: そうですか。それでどうだったんですか。
B: 医者にお酒とタバコは止めた方がいいと言われました。
A: 体によくないですからね。ダイエットもした方がいいですよ。
B: ダイエットより毎日運動するように言われました。

3 A: 旅行は楽しかったですか。
B: 楽しかったですけど、大変でした。
A: 何かあったんですか。
B: ええ、すりに財布をすられて…。それに誕生日にもらった腕時計までなくして…。
A: 腕時計も一緒にすられちゃったんですか。
B: いいえ、腕時計は地下鉄でなくしてしまったんです。

1 A: 이 길은 번화하고 멋지군요.
B: 그렇네요. 멋진 카페나 가게도 많이 있네요.
A: 저 가게의 디자인, 멋지네요.
B: 아아, 저 가게 말입니까? 유명한 디자이너에 의해 지어진 가게입니다. 탤런트 홍 씨의 가게로, 많은 사람들에게 알려져 있습니다.
A: 그렇습니까? 한 번 들어가 볼까요?
B: 좋습니다. 그럽시다.

2 A: 무슨 일입니까? 기운이 없네요.
B: 어제 병원에 갔다 왔거든요.
A: 그렇습니까? 그래서 어땠습니까?
B: 의사에게 술과 담배를 끊는 편이 좋다는 말을 들었습니다.
A: 몸에 좋지 않으니까요. 다이어트도 하는 편이 좋아요.
B: 다이어트보다 매일 운동하라는 말을 들었습니다.

3 A: 여행은 재미있었습니까?
B: 재미있었지만, 힘들었습니다.

A: 무슨 일 있었습니까?
B: 네, 도둑에게 지갑을 도둑맞아서……. 거기다 생일 때 받은 손목시계까지 없어져서…….
A: 손목시계도 같이 도둑맞았습니까?
B: 아니요, 손목시계는 지하철에서 잃어버리고 말았습니다.

unit 09 雑務ばかりさせられています。
잡무만 하고 있습니다.

정답_본책 128쪽

어휘 · 문법	1 ③	2 ③	3 ②
청취	1 ④	2 ③	3 ③

청취 스크립트

1 A: 今井さんは洗濯とか掃除とか娘さんにさせますか。
B: 自分のことは自分でやるようにさせていますが、洗濯は私がしています。でも食事のあとは必ず毎日自分が使ったコップを洗わせます。それから休みの日には部屋の掃除をさせます。
A: 買い物にも行かせますか。
B: いいえ、買い物は時々いっしょに行きますが、子供一人では行かせません。
A: そうですか。

2 A: 新しく入った会社はどうですか。
B: いろいろと大変です。まだ新入社員ですから。仕事を習うためには仕方ないですけど…。
A: そうですか。どんな仕事ですか。
B: 今は雑務のような仕事ばかりですね。メールをチェックしたり電話応対したり資料を検索したりコピーしたり…。
A: 大変ですね。残業もよくさせられますか。
B: いいえ、仕事が終わる時間は決まっていて残業しなくてもいいです。
A: それはいいですね。

3 A: 日本語の授業は面白いですか。
B: ええ、とても面白いですよ。
A: そうですか。授業中先生は学生たちに何をさせますか。
B: 本を読ませたり、漢字を書かせたり隣の人と日本語で話させたりします。
A: 日本語で説明させたりもしますか。
B: いいえ、まだ日本語で説明するのは大変なので日本語で説明させられたりはしません。
A: そうですか。

1 A: 이마이 씨는 세탁이라든가 청소라든가 따님에게 시킵니까?
B: 자신의 것은 스스로 하도록 시키고 있습니다만, 세탁은 제가 하고 있습니다.
하지만 식사 후에는 반드시 매일 자신이 사용한 컵을 씻도록 합니다. 그리고 쉬는 날에는 방 청소를 시킵니다.
A: 물건 사는 것도 가게 합니까?
B: 아니요, 물건 사기는 가끔 같이 갑니다만, 아이 혼자서는 가게 하지 않습니다.
A: 그렇습니까?

2 A: 새로 들어간 회사는 어떻습니까?
B: 여러 가지로 힘듭니다. 아직 신입사원이니까요. 일을 배우기 위해서는 어쩔 수 없지만…….

A: 그렇습니까? 어떤 일입니까?
B: 지금은 잡무와 같은 일뿐입니다.
메일을 확인하거나 전화 응대를 하거나 자료를 검색하거나 복사하거나…….
A: 힘들겠네요. 야근도 자주 시킵니까?
B: 아니요, 일이 끝나는 시간은 정해져 있어서 야근하지 않아도 됩니다.
A: 그건 좋네요.

3 A: 일본어 수업은 재미있습니까?
B: 네, 굉장히 재미있습니다.
A: 그렇습니까? 수업 중에 선생님은 학생들에게 무엇을 시킵니까?
B: 책을 읽게 하거나, 한자를 쓰게 하거나 옆 사람과 일본어로 말하게 하거나 합니다.
A: 일본어로 설명하기도 시킵니까?
B: 아니요, 아직 일본어로 설명하는 것은 힘들어서 일본어로 설명하기는 하지 않습니다.
A: 그렇습니까?

unit 10 少々お待ちください。
잠시 기다려 주십시오.

정답_본 책 142쪽

어휘 · 문법	1 ①	2 ③	3 ③
청취	1 ①	2 ②	3 ③

청취 스크립트

1 東洋銀行のキムと申しますが、坂本社長いらっしゃいますか。
① すみません。ただ今坂本は食事に出ております。
② すみません。ただ今坂本は食事に出ていらっしゃいます。
③ すみません。ただ今坂本は食事を召し上がりました。

2 佐藤様にお目にかかりたいのですが…。
① かしこまりました。少々待ってください。
② かしこまりました。少々お待ちください。
③ わかりました。少々待ってください。

3 あの、田中課長は戻られましたか。
① はい、戻られました。電話をおつなぎしましょうか。
② はい、お戻りになりました。電話をおつなぎしましょうか。
③ はい、戻りました。電話をおつなぎしましょうか。

1 동양은행의 김이라고 합니다만, 사카모토 사장님 계십니까?
① 죄송합니다. 지금 사카모토 사장님은 식사하러 나가 있습니다.
② 죄송합니다. 지금 사카모토 사장님은 식사하러 나가 계십니다.
③ 죄송합니다. 지금 사카모토 사장님은 식사를 드셨습니다.

2 사토 씨를 뵙고 싶습니다만…….
① 알겠습니다. 잠시 기다려 주세요.
② 알겠습니다. 잠시 기다려 주세요.
③ 알겠습니다. 잠시 기다려 주세요.

3 여보세요, 다나카 과장님은 돌아오셨습니까?
① 네, 돌아오셨습니다. 전화를 연결할까요?
② 네, 돌아오셨습니다. 전화를 연결할까요?
③ 네, 돌아왔습니다. 전화를 연결할까요?

부록 **톡톡 문법 색인(오십음도 순)**

부록

톡톡 문법 색인(오십음도 순)

동양북스 추천 교재

일본어 교재의 최강자, 동양북스 추천 교재

회화 코스북

일본어뱅크 다이스키
STEP 1·2·3·4·5·6·7·8

일본어뱅크
좋아요 일본어 1·2·3

일본어뱅크 도모다찌
STEP 1·2·3

분야서

일본어뱅크
NEW 스타일 일본어 문법

일본어뱅크
일본어 작문 초급

일본어뱅크
사진과 함께하는
일본 문화

일본어뱅크
항공 서비스 일본어

가장 쉬운 독학
일본어 현지회화

수험서

일취월장 JPT
독해 · 청해

일취월장 JPT
실전 모의고사 500 · 700

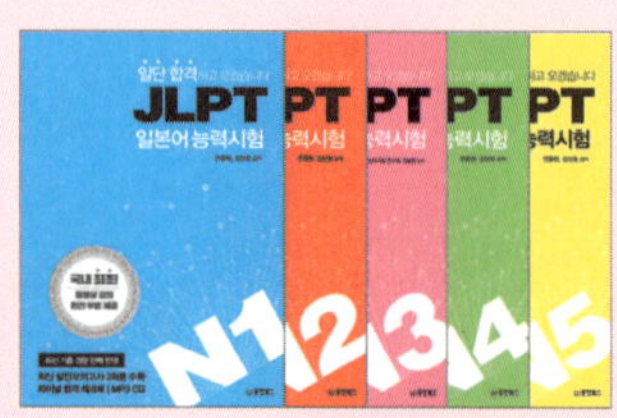

일단 합격하고 오겠습니다
JLPT 일본어능력시험
N1 · N2 · N3 · N4 · N5

일단 합격하고 오겠습니다
JLPT 일본어능력시험
실전모의고사 N1 · N2 · N3 · N4/5

단어 · 한자

특허받은
일본어 한자 암기박사

일본어 상용한자 2136
이거 하나면 끝!

일본어뱅크
New 스타일 일본어 한자 1·2

가장 쉬운 독학
일본어 단어장

일단 합격하고 오겠습니다
JLPT 일본어능력시험
단어장 N1 · N2 · N3

동양북스 추천 교재

기타외국어 교재의 최강자, 동양북스 추천 교재

중고급 학습

첫걸음 끝내고 보는
프랑스어
중고급의 모든 것

첫걸음 끝내고 보는
스페인어
중고급의 모든 것

첫걸음 끝내고 보는
독일어
중고급의 모든 것

첫걸음 끝내고 보는
태국어
중고급의 모든 것

단어장

버전업! 가장 쉬운
프랑스어 단어장

버전업! 가장 쉬운
스페인어 단어장

버전업! 가장 쉬운
독일어 단어장

여행 회화

NEW 후다닥
여행 중국어

NEW 후다닥
여행 일본어

NEW 후다닥
여행 영어

NEW 후다닥
여행 독일어

NEW 후다닥
여행 프랑스어

NEW 후다닥
여행 스페인어

NEW 후다닥
여행 베트남어

NEW 후다닥
여행 태국어

수험서 · 교재

한 권으로 끝내는 DELE
어휘·쓰기·관용구편 (B2~C1)

수능 기초 베트남어
한 권이면 끝!

버전업!
스마트 프랑스어

일단 합격하고 오겠습니다
독일어능력시험
A1 · A2 · B1 · B2(근간 예정)